印綬が創った天下秩序

漢王朝の統治と世界観

阿部幸信
Yukinobu Abe

山川出版社

はじめに

まずは左のページの写真をご覧いただきたい。何だかおわかりだろうか。

こんな印章があるのかと、びっくりした人もいるはずだ。現代の日本人が「印章」とか「ハンコ」とかいったときに思い浮かべるものとはまるっきり違うが、印章が最初に作られた古代オリエントでは、こうした絵のついた印章が使われていた。円筒形をしているので円筒印章といい、硬い石に絵が刻みつけてある。楔形文字の記録に粘土板を用いていた古代オリエントの人々にとっては、粘土の上に転がして使う印章が便利だったのだろう。

円筒印章の図案は実にさまざまだ。当時の様子を具体的に伝える絵柄は、ただ見ているだけで楽しい。人気があるのか、欧米のちょっと大きめの歴史博物館に行くと、たいがい円筒印章がずらっと並べられている。惹きつけられる研究者も多く、人々の暮らしぶりはもちろん、社会制度や生活環境・神話など、さまざまなことが円筒印章から論じられてきた。

もちろん古代オリエントでも、こんな形の印章ばかりだったわけではない。私たちになじみ深いスタンプ型の印章もよく使われており、登場はむしろそちらの方が早かった。確かに、容器を粘土で封印したりするには、スタンプ型印章の方が好都合だ。スタンプ型印章は、のちに指輪な

古代オリエントの円筒印章（左）と印影（右）（メトロポリタン美術館蔵）
紀元前2250～前2150年頃、アッカド王朝の時代のもの。

どのアクセサリーになって、おもに西アジアやヨーロッパに広まった。

指輪印章の印面は今日の指輪のデザインと同様に楕円形が多く、やはり絵を刻むのが通例だったから、装飾性も高かった。一説に、カメオの起源はここにあるという（カメオは純粋な装飾品なので、絵柄が浮かび上がって見えるよう、凹凸が逆転している）。印面に描かれた絵は所有者の分身、さらには護符としての役割も兼ねており、そのため指輪は神聖な存在とみなされた。西洋の神話やファンタジー作品において、指輪が象徴的な役割をしばしば担っているのは、そうしたイメージの名残だ。宮崎駿監督の『ルパン三世　カリオストロの城』（一九七九）には、同じ紋章を凹凸両様にあしらった二つの指輪が登場するが、あのような描写は指輪印章の伝統なくしてあり得ない。

それに対して、ユーラシアの東方では、印章といえばスタンプ型と相場が決まっている。しかも印面には、一般的に、

エトルリア人の指輪印章（『中国印章』より）

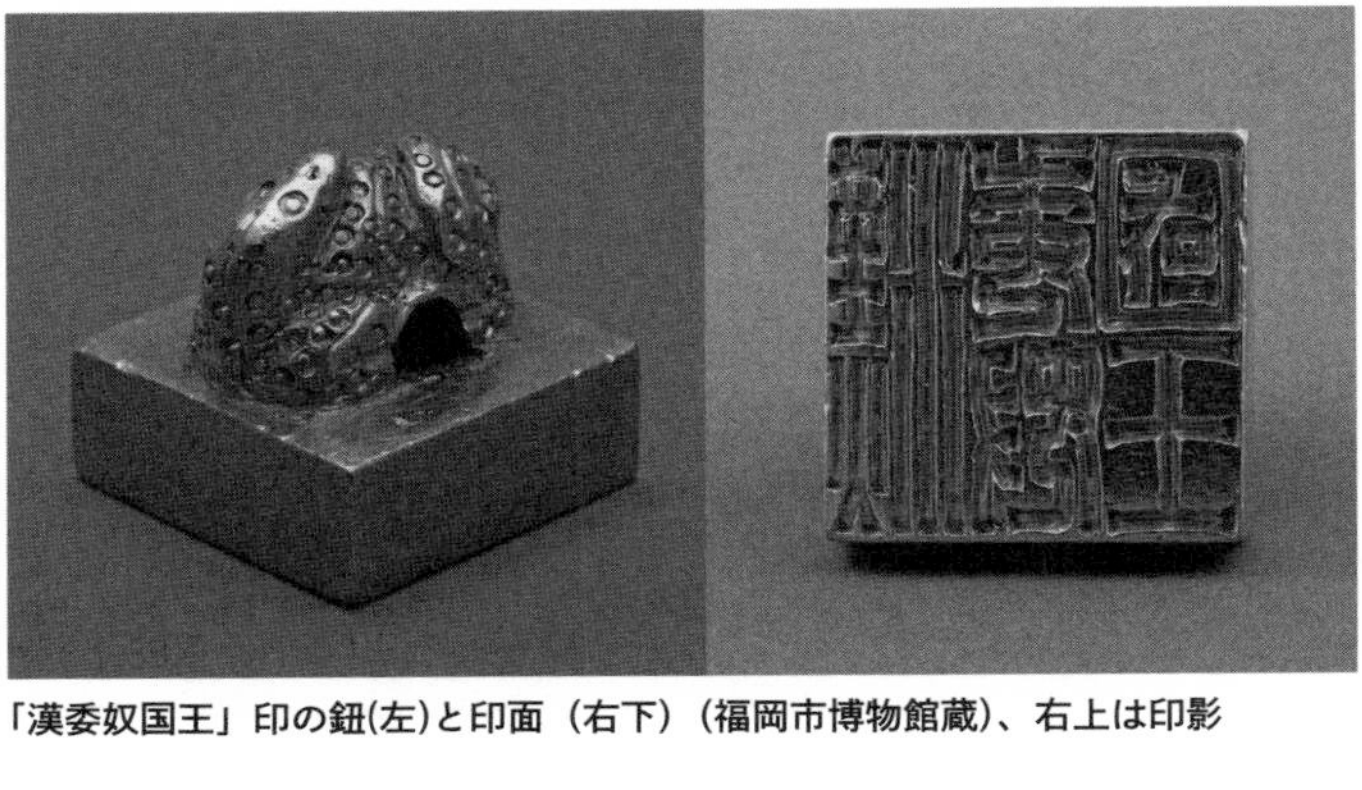

「漢委奴国王」印の鈕(左)と印面（右下）（福岡市博物館蔵）、右上は印影

絵ではなく文字があしらわれる。有名な志賀島《しかのしま》の金印（福岡市博物館蔵）は、一世紀半ば頃に中国で作られたもので、四角い印面に「漢委奴国王」の文字が刻まれ、それがこの印章の呼び名にもなっている。「金印」というくらいだから、もちろん材質は黄金で、背中の部分には蛇の形のつまみがある。つまみ（鈕《ちゅう》）には孔《あな》があいており、この孔を利用して絹製のリボン（綬《じゅ》）を取り付け、印章を携帯したと考えられている。円筒印章はもちろん指輪印章とも、似ても似つかぬものだ。

中国の印章と古代オリエントの印章のあいだに関係があったのかどうか、確たることはわかっていない。ただ、封印に用いるという機能は同じでも、材質や形状はまったく異なっている。単純に年代だけでいえば、中国で印章らしきものが見られるようになるのは殷《いん》代（前十六世紀頃〜前十一世紀）以降なので、紀元前六〇〇〇年くらいまで遡《さかのぼ》り得るとされる古代オリエントの印章の方が圧倒的に古いが、起源はともかく、道具としての発展の道筋は、それぞれ別であったと考えるのが自然だろう。

円筒印章や指輪印章の印面は図柄だから、そこから往時の人々の暮らしがわかるというのも理解しやすい。一方、中国の印章にはいくつかの文字しか刻まれていないため、読み取れる情報量は相対的に少ない。そのせいか、歴史を復元する材料（史料）としての注目度は有り体に言って低く、関心をもつ研究者も多くはなかった。というと、「漢委奴国王」金印ファンは首をかしげるだろうが、実はそこが大事なのだ。確かに日本では、日本の国家の起源や中国王朝との関係史を語るうえで、この金印は避けて通れないものだと広く認識されており、金印をテーマにした書物や論文もたくさんある。しかしそれは、江戸時代に「漢委奴国王」金印が出土して以来、その史料的性格や真贋《しんがん》をめぐって、議論が積み重ねられてきたせいだ。印章づくりのプロである篆刻《てんこく》家は別として、歴史家や一般の人々からすれば、あの金印があるからこそ中国の古い印章に関心が湧くのであって、その逆ではない。それは研究状況にも反映されていて、従来は「金印を理解するために中国の印章を研究する」というスタンスが一般的だった。知りたいのはあくまでも志賀島の金印であって、印章全般ではなかったのである（そうした日本の金印研究史そのものを研究した、J. A. Fogel, *Japanese Historiography and the Gold Seal of 57 C.E.: Relic, Text, Object, Fake*, 2013 という本もある）。

そこに一石を投じたのが、栗原朋信（一九〇九〜七九）という学者だ。漢代の印章の制度全般について知らなければ、金印の制度上の位置づけもわからず、ひいては金印の史料的性格も正しく理解できない、と栗原は考えた。そこで栗原は、『漢書《かんじょ》』や『後漢書《ごかんじょ》』などに記された漢代の印章および綬の制度を整理して、体系的な考証を加えた。そして著されたのが、「文献にあらわれたる秦漢璽印《しんかんじいん》の研究」（一九六〇）である。そのあとを追うかたちで、印章と綬（併せて「印綬《いんじゅ》」と総称される）に関する研究が文献・遺物の両面から飛躍的に進展し、いままで不明だった印綬の本質的機能や、その制度の背後にある理念、さらには世界観についても、かなりのことがわかってきた。中国の印章は、円筒印章のように当時の暮らしや観念をそのまま伝えてくれるものではないけれども、円筒印章とはまた別の方法によって、そこから人々の思いやイメージを読み取ることができるようになったのである。本書は、その成果の一端を紹介することを目的としている。

ただし、近年研究が進んでいるのは、あくまでも中国王朝が公的に製作・発給した印章や綬の「制度」のことなので、そこからみえる理念や世界観というのも、王朝の支配を担う人々のものに限定される。その点、社会のなかで広く用いられた円筒印章を素材とした議論とは、決定的に異なる。むろん、公的なもの以外を使えば、中国の印章からもさまざまなことがある程度はわかるのだが、断片的な情報どまりで、まとまった話をすることはまだ難しいのが現状である。何より、先に触れたように、日本での中国古印に対する関心には「漢委奴国王」金印が大きくかかわっているので、ニーズがあるのも金印と結びついた話題の方だろう。よって本書では、あくまでも公的な印綬の制度に基づきながら、中国王朝の理念や世界観を読み解くことに力点を置きたい。内容の幅は狭くなるが、その分奥行きのある話ができるはずだ。

なお、金印そのものにまつわる諸問題、とりわけ真贋論争については、詳しく述べ始めると肝心の中国の印綬の話ができなくなるので、本書では一切割愛し、詳細は江湖にあふれている関連書にゆずりたい。それでも、印綬という器物の背後にあるものについて知ることで、金印についての認識を新たにできることだろう。その意味で、「金印ファン」の期待にも背かないものになっていると信じる。まして、金印単体だけではなく関連する印章もまとめて取り上げる最近の世界史教材に親しんでいるみなさんにとっては、その学術的背景に対して理解を深める、格好の機会になるに違いない。

目次

印綬が創った天下秩序

漢王朝の統治と世界観

序章　印綬とは何か

公印と私印

後漢末の応劭《おうしょう》が諸制度を説明した『漢官儀《かんかんぎ》』という書物のなかに、こんな一節がある。

〔皇帝の印章の〕虎形の鈕は、陽の象徴である。虎は獣の長であり、その猛々しさによって群臣を抑えつける。〔高官の印章の〕亀〔形の鈕〕は、陰の象徴である。〔亀が〕腹と背に甲羅をもち、タイミングよく身を隠すさまは、成果を挙げれば身を引く臣下の理想像を示す。

（〔　〕内は著者による補足）

ここには、当時の印章に関する情報が凝縮されている。以下本章では、このくだりを参考にしながら、漢代の印綬の制度の要点を順番に紹介していこう。

まずわかることは、漢代において皇帝も、官僚も、自身の印章を所持していたことだ。次章で詳しく述べるが、これらの印章は国家が公的な規格に沿って製作し、対象者に支給するものだった。こうした印章は「官印」とか「公印」と呼ばれ、個人が私的に調達する「私印」と区別されていた。この場合の「官」とは「公(の)」という意味なので、学術的には「官印」と呼ぶことが多いが、一般的には「官職・官府の印」に限定した表現と誤解されやすいため、本書では「官職の印」と「爵位の印」を合わせて「私印」と対比させる(ことを強調する)目的で、「公印」に統一する。

公印の「公的な規格」には、さまざまな内容が含まれる。材質は白玉・金・銀・銅の四種類だが、金印には全て金で作られたものと、銅印に金をメッキしたもの(「鍍金《ときん》印」あるいは「鎏金《りゅうきん》印」という)の二種があった。印面は原則として一寸(時期によるが、おおむね二・三〜二・四センチメートル)四方の正方形で、そこに官職や爵位の名称が刻まれる。官爵名のあとに印章を示す「璽《じ》」「印」などの文字(詳細は第二章参照)を付すこともしばしばあるが、個人の名前が含まれることは決してない。もし個人名があれば、ほかの部分がどんなに公印らしくできていても、それは私印だと直ちに判断できる。公印に似た印章を死後の世界に持っていくことが一種のステータスだったのか、随葬《ずいそう》用の印章には公印を模した私印が結構ある。

印面のサイズから想像するとわかる通り、漢代の公印というのは思いのほか小さい。福岡市博物館で「漢委奴国王」金印の実物をご覧になると、そのちっぽけさに驚かれることだろう。公印の製作に際しては、まず全体を鋳造《ちゅうぞう》してから印面や鈕の細部を加工することが一般的であったようだが、鋳造の際にガスが入るなどして鋳型に金属がうまく行きわたらず、中空になったり欠けたりした作例も見受けられる。工人たちの苦労が偲《しの》ばれる。

ただし、公印はいくら小さいとはいえ金属製なので、実際に手にしてみると、見た目以上にずっしりしている。純度の高い金で作られた「漢委奴国王」金印は、あれっぽっちの大きさで約一〇八・八グラムもある。銀印や銅印は当然これより軽いが、国家から公印を支給されたときに官僚たちが感じた重みは、もっと大きかったのではないか。

公印の文字数

印面の文字数はもともと四字で、秦の制度を引き継いだ漢の初期には、印面を四分割するマス目があった。このマス目は「田」という字の形をしているので、「田字格《でんじかく》」という(田字格の具体例は一一ページの「信平侯印」を参照)。田字格は漢代に入ってまもなく消滅するが、以後も印文を四字とする原則は維持された。のち、武帝《ぶ》の太初元《たいしょ》(前一〇四)年に漢が自らを土徳(一七ページ参照)の王朝と宣言するにあたり、公印の文字数も土徳を象徴する数字「五」にすることになった。

五字印制は厳格には守られなかったらしく、これ以降も四字印は作られたし、逆に六字以上の公印もある。また漢王朝自身、前漢末には火徳を称するようになったので、公印を五字にする根

12字印の例　「新保塞烏桓耎犂邑率衆侯印」（『秦漢南北朝官印徴存』より）

6字印の例　「五威司命領軍」印
（宝鶏市鳳翔区博物館蔵）

拠も失われた。よって、武帝の導入した五字印制は、結果だけからいえば、印文の文字数の上限を引き上げたにすぎないと考えられている。とはいえ、こうした改革があったおかげで、太初元年以前とそれ以後の公印をある程度確実に見分けられるのは、後世の研究者からすればありがたいことだ。なお、文字数の上限がなくなったといっても、印面の大きさには限りがあるから、武帝太初元年以降も公印のほとんどは四字あるいは五字、多くてもせいぜい九字である。ただし王莽《おうもう》の時代だけは別で、六字印の比率が高くなり、十二字に達するものまであった。

　文字数が一定でなかったとはいえ、公印の印文の配置は、押捺した状態で右上からの縦書きと決まっていた。印面では左右が逆になるので、左上から印文が始まることになる。漢文は縦書きなのだから、公印の印文が縦書きなのも当たり前だろうと思われるかもしれないが、私印の印面の文字配置は相当に自由で、すぐには読み方の見当がつかないようなものさえある。そのことから考えるとむしろ、文字配置のような細部までしっかり規定されていたところに、公印の「フォーマルさ」が表れているとみる方がよさそうだ。

公印の書体

文字の書体には、秦の時代に公的書体として整理された篆書《てんしょ》(小篆)が用いられた。篆書体の文字は縦長になるのが通例だが、公印はもともと田字格によって正方形の印面を四分割し、各マスに一字を収めていたので、小篆を正方形にデザインし直す必要があった(細かいことを言うと、田字格の各マスははじめ厳密な正方形ではなかったが、次第に正方形に近づいていく)。いわば公印専用の小篆で、「印篆」と呼ばれることもある。中国の伝統的な印章を制作することを「篆刻」というのは、もとの篆書が廃れ、公印支給の制度さえなくなったのちも、印章専用の書体として印篆が用いられ続けているからだ。この習慣は、今日もなお変わっていない。公的機関の印章の印面を正方形(に近い形)にすることも含めて、漢代の公印の影響は、はっきり目に見えるかたちで、現代日本にまで及んでいるのである。

一方、漢代の公印の印面と現代の印章のそれとを比べたとき、明らかに異なるのは、文字の凹凸である。漢代の公印は粘土に押すもので（第一章参照）、粘土に文字が浮かび上がって見えるよう、文字が印面に刻み込まれていた（陰刻）。それに対し、現代の日本や中国で用いられる印章は、朱肉やインクを印面につけて紙に押したとき、文字が色つきになって見えるよう、印面の文字以外の部分をわざわざ削って、文字を出っ張らせてある（陽刻）。紙の上で白抜きになっている文字は見にくいので、紙に押印する習慣が広まるとともに印章は陽刻になったと説明されるのが一般的だが、よくよく考えてみると、この理屈にはちょっと苦しいところがある。白抜きの文字が全て視認しにくいかというと、そうとも言い切れないからだ。もともと粘土に文字が浮かび上がる状態を見慣れていた人々にとっては、印章の用法が変わって紙に押すようになっても、紙面に文字が「浮かび上がる」方が自然に感じられたというようなことはあるかもしれないが。

公印において陰刻から陽刻への転換が生じたのは、遺物の状況や文献の記載から、南北朝末期の六世紀頃ではなかったかと考えられてい

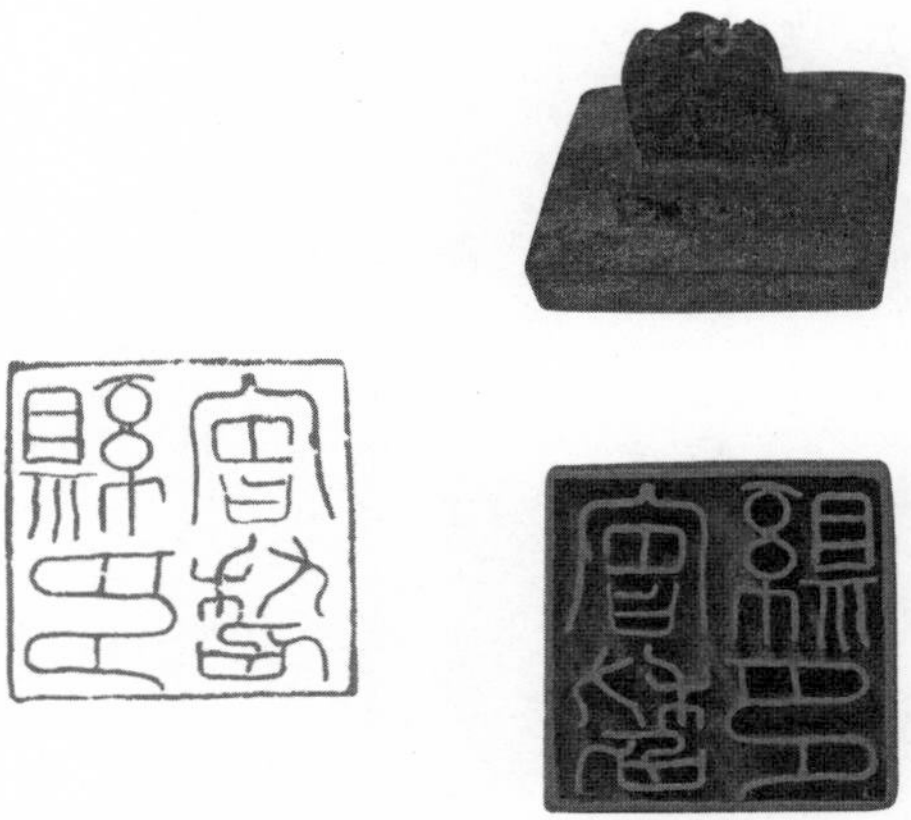

唐代の官署印　「会稽県印」（浙江省博物館蔵）

る。また陽刻化と並行して、印面のサイズも大きくなっていった。隋唐《ずいとう》時代以降に役所で用いられた印章は全て陽刻で、印面も一辺が五センチメートルくらいある。印章だけを見ていると、これらの変化ばかりが目につくが、実は同じ時期、文字そのものの用法においても、別の動きが進行していた。

漢代においては文字の使い方がまだ比較的大らかで、発音の同じ別の文字を借用したり、文字の一部を省略したりすることが許容されていた。公印においてももちろん同様で、「漢委奴国王」金印が本来「倭」とすべきところを(にんべんを省略して)「委」としているように、漢代には表記の厳密さよりも簡素さを優先する傾向があった。ところが時代が下るにつれ、意味と字形の関係が徐々に固定されていき、隋唐の頃には文字の借用や省略がぐんと少なくなる。隋唐以降の役所の印章においても、文字の省略や借用は基本的にみられない。画数の多い文字を省略なしで示すなら、印面のサイズは大きい方がよいし、技術的には細い筆画を表現しやすい陽刻の方が適していたはずだ。こうした要因も加味した方が、公印の陽刻化・大型化という現象は理解しやすくなる。つまり、単に白抜きの文字が見にくいからというだけではなく、「白抜きでは視認しにくい(あるいは表現しにくい)表記が多くなった」ために、公印は陽刻とされたのではないだろうか。

こうした後世の変化はともかく、漢代の公印は、一貫して陰刻であった。しかし、陰刻は陰刻でも、文字の彫り方は時期によってかなり違っていたことが知られている。前漢の初期には彫りが比較的浅く細く、筆画もかなりほっそりしていた（一六四ページの「淮陽王璽」参照）が、後漢になると筆画が深く太く彫り込まれるようになり（同「広陵王璽」参照）、結果として、印面の面積に占める文字の割合も高くなった。一画一画が非常にしっかりとした「漢委奴国王」金印の文字は、後漢印の典型的なスタイルと合致する。やがて後漢末に世が乱れると、文字の形も彫りも粗雑になっていき、なかには刃先で文字の形をこすっただけのものさえ現れた。のちに多少もち直しはするものの、こと文字の整然さに関する限り、漢代の作例に匹敵するほどのものは、北朝末期に至るまでみられない。篆刻の世界において、漢代の印章（漢印）がひとつの理想形とみなされているのは、このためである。

公印の鈕

材質とかサイズとか文字数とかいった点は、漢代の人々にとって常識なので、先にみた『漢官儀』も、そこには注目していない。逆に、『漢官儀』が焦点を当てているのは鈕、つまり印章のつまみの部分の形状である。

鈕の形は印章の材質と関係しており、白玉の場合は虎、金・銀の場合は亀であった。このうち虎鈕については、文献上「螭《ち》虎《こ》鈕《ちゅう》」と書かれることが多い。「螭」とは角のない龍（みずち）を示す字なので、龍の形をした鈕と説明されることもあるが、一九六八年に偶然発見された前漢時代

「皇后之璽」　鈕（左）と印面（右上）、印影（右下）（陝西歴史博物館蔵）

の皇后の印章「皇后之璽《こうごうしじ》」の鈕のデザインはうずくまる虎で、龍とみるには無理がある。実際『漢官儀』にも、皇帝の印章の鈕は虎だとはっきり書かれている。「螭」字単独での意味はともかく、「螭虎鈕」の「螭虎」とは、わだかまる龍のような姿勢の虎、あるいは特殊な霊力をもつ虎の意だと考えるのが妥当だろう（「螭」は「魑魅魍魎《ちみもうりょう》」の「魑」と通じ、怪異を意味することがある）。この点、亀鈕は所持者の範囲も虎鈕に比べてずっと広く、よく話題になったのか、文献の記載もぶれることなく「亀鈕」に固定されている。ただ、数が多かった分だけ形状にはバラエティがあり、甲羅の高さや模様、頭のもたげ方といった点を比べるととても面白い（石川日出志「両漢代印亀鈕の型式学・試論」二〇二一に詳しい）。なお銅印の鈕は、印章の背の部分が大きく盛り上がった「鼻鈕」から、丸く反った瓦を伏せたような「瓦鈕」に移行していくが、いずれに

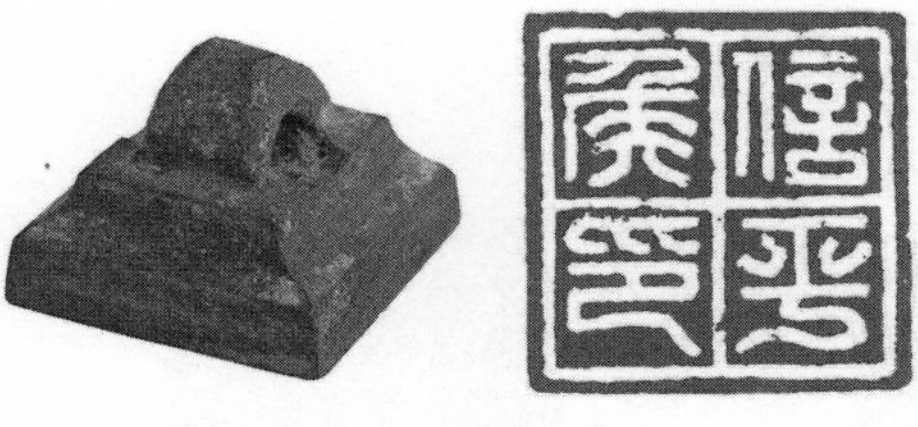

鼻鈕の例　「信平侯印」（湖南博物院蔵）

瓦鈕の例　「車騎左都尉」印（上海博物館蔵）

しても動物の形ではない。こうした一般的な鈕のほかに、国外の臣下向けの特殊なデザインとして駱駝《らくだ》や蛇の形をした鈕もあったが、それらについては第五章で述べる。

金印・銀印・銅印の鈕には、必ず孔が設けられる。亀鈕の場合は、亀の前後の足のあいだに直径五ミリメートル程度の円い孔があるのが通例である。この孔に綬(リボン)を直接通したといわれることがよくあるが、後述するような長大な綬をこんな小さな孔に通すことは、物理的に不可能である。少なくとも亀鈕(や駝《だ》鈕《ちゅう》・蛇《だ》鈕《ちゅう》)の場合、綬を取り付けるためのパーツが必要だったとみるべきだろう。文献には、「縌《げき》」と呼ばれる小型の

「琅邪相印章」の鈕と印面（故宮博物院蔵）

リボンで綬を印に結わえたことが記されている。また例外的には、鈕に金具のようなものを装着した可能性もある。鈕に金具をつけた状態は、北京の故宮博物院の「琅邪相《ろうやしょう》印章」銀印からイメージできる。実際、亀鈕印の実物を手に取って観察すると、孔の上部がこすれてすり減っていることがある（ただし、孔を加工する際にも周囲が削れるため、パーツの痕ばかりとはいえない）。一方、銅印の瓦鈕は孔がずっと大きいので、綬を直接通すこともあるいは可能だったのではないかと思われる。公印の圧倒的多数を占める銅印に、別パーツを用意するような製作コストはかけられなかったはずだ。

先にみた『漢官儀』の一節が面白いのは、虎鈕は臣下を威圧する皇帝の姿を、亀鈕は進退をわきまえた謙譲な臣下の姿を示しているというふうに、鈕の規格にはちゃんと意味があると述べている点である（後漢時代の学者は世のあらゆることに意味をこじつける傾向があったので、その分は割り引く必要があるが）。鈕だけでなく、材質の使い分けや印章の呼び名などにも、それ相応の含意があった。そのことは本書のなかで徐々に明らかにしていく。

なお、鈕が載っている印の本体部分のことを印台という。印台の規格については、文献に記載がない。実例を見ても個体差がかなりあり、厳密な決まりがあったわけではなさそうだが、きわめて大雑把に言って、時代が下ると次第に高くなる傾向がある。後漢初期にはおよそ一センチメートルであったことが、「漢委奴国王」金印（約〇・八九センチメートル）や同時期の「広陵王璽《こうりょうおうじ》」金璽（南京博物院蔵、約〇・九五センチメートル）からわかっている。先に述べた通り、漢代の公印の文字の彫りははじめ比較的浅かったが、後漢では相当深くなる。印台が高くなければ彫りを深くすることはできないので、印台の高さと彫りの深さのあいだに一定の関係があることは確かだ。印台を高くすると材料費は増えるが、全体が大きくなるので、見栄えももちろん良くなる。また、彫りが太く深ければ、粘土上の文字も見やすくなる。それぞれの時代の人々が、さまざまなバランスを考えて、適当な印台の高さや彫りの深さを工夫していたのだろう。

綬の製法と色調

公印とともに用いられた綬の規格についても、ここで併せてみておきたい。

公印と同じく、綬も官給品だった。印章は日常生活でも用いる道具なので、私印の製作は許容されていたが、綬は私的に作ってはならないとされていた。だから、公綬とか私綬とかいう言い方も存在しない。その意味で、一般的に公印の附属品と認識されている綬の方が、当時の人々の目から見ると、よりフォーマルさを感じさせる特別な存在であったと言えそうだ。本書において綬に関する叙述の比重が高いのは、そのためである。

綬の実物は、漢代のものに限らず、ひとつも現存していない。出土した印章に取り付けられた紐状の繊維製品が綬として紹介されるケースもあるが、文献に記載された綬のつくりと合致したものは未発見である。印章に紐のようなものがついてさえいれば、何でもお構いなしに綬としてしまう発想は、綬を印章の添え物とみなす先入観に由来しており、慎重さを欠くように思われる。私造が許されないという綬の性格を考えても、綬やその模造品がそうやたらと出土するとは考えにくい。よほど運に恵まれた大発見でもない限り、漢代の綬の遺物を目にすることは、今後も難しそうだ。

文献の伝える製法によると、綬は細長い絹の織物だった。絹の腐敗しやすさも、綬の出土例がないことと関係しているのだろう。後漢時代の制度を伝える『続漢書《しょくかんじょ》』には、繭《まゆ》から取った繊維を撚《よ》って「系《けい》」という織り糸を作り、四系を「扶《ふ》」、五扶を「首《しゅ》」と呼んでひとまとめに扱い、織り糸五首を綬の模様を構成する最小単位とした、とある。この説明だけではイメージしにくいが、要するに、五首あるいはその倍数ごとに異なる色の糸を織り合わせた、チェック柄あるいはまだら模様の織物だったのではないかと思われる。遺物が残っていないので何とも言いにくいところがあるが、西晋末の郭璞《かくはく》は蛇の体の柄を綬にたとえている（『山海経《せんがいきょう》』注）ので、当たらずといえども遠からずだろう。

『続漢書』の説明によると、それぞれの綬には基調となる色が定められており、基調色の織り糸五首をまとめた綬の地色を「圭《けい》」といった。これに織り合わせる糸の色も細かく決まっていて、基調色と織り込まれる色とが醸《かも》し出す全体的な色調が、そのまま綬の呼称となった。綬の色調や等級は漢代でも時期によって変わり（詳しくは第二章を参照）、後漢時代には黄赤綬・赤綬・緑綬・紫綬・青綬・黒綬（墨綬）・黄綬の七種に加え、さらに下位の特殊な存在として青紺綬があった（青紺綬については本書では原則として省略）。用いられる色糸の組み合わせや綬の異称などに基づいて、それぞれの綬の色味を現代風に表現すると、黄赤綬は黄味の強い明るめのオレンジ色、赤綬（纁朱《くんしゅ》綬）は淡くくすんだ赤、緑綬（盭《れい》綬または緑綟《りょくれい》綬）は暗めの黄緑色、青綬はうっすらと赤みを帯びた青緑色、黒綬はやや緑がかった深い紫であったと思われる。黄綬は構造が単純なので、文字通りの黄色だったようだ。ただし黄色も、二〇〇色もあるかは別としてさまざまだが、その微妙な色合いまでは知り得ない。

綬が色調によって呼び分けられていたことからもわかるように、綬を作る際にもっとも重要な

綬	采数	圭色ないし地色	用いられる糸の色	長さ（単位：尺）	首数
黄赤綬	4	淳黄圭	黄赤縹紺	29	500
赤綬	4	淳赤圭	赤黄縹紺	28	300
緑綬	3	淳緑圭	緑紫紺	21	240
紫綬	2	淳紫圭	紫白	17	180
青綬	3	淳青圭	青白紅	17	120
黒綬	3	淳青圭	青赤紺	16	80
黄綬	1	淳黄圭	（黄）	15	60
青紺綬	1	（色不明）		12	

『続漢書』輿服志に記されている綬の規定

のは、織り上げた結果として目的の色調が出せるかどうかであった。青綬が実際には青くなく貧相だと後漢の光武帝《こうぶ》（位二五〜五七）が苦情を唱え、青綬のつくりが改善されたというエピソード（『博物志』）もあるほどだ。狙った色調を出すことが優先されるので、上の表の「用いられる糸の色」欄の通り、綬の等級の高下と使われる色の多寡は一致していなかった。また、皇帝の佩《お》びる最上級の黄赤綬と下級官吏の黄綬がいずれも黄色を基調色としていたように、等級が低いと特定の色の使用が禁止されるということもなかったらしい。黄色はのちに皇帝を示す色になるもので、漢代でも黄色い傘をつけた馬車は皇帝の専用車だった。よって臣下が黄色の傘をつけたりしたら当然厳しく処罰されたが、下級官吏の綬は黄色くても構わないというあたり、漢代には色と身分の関係がまだ比較的自由であったことをうかがわせる。

さらに面白いのは、さまざまな色の綬があったにもかかわらず、五行《ごぎょう》の正色（黒・青・赤・白・黄）のひとつである白い綬がみられなかったことである。五行とは、世のなかのあらゆることを水・木・

火・金・土の五種類に分類して説明する中国の古い考え方で、色についても、黒は水、青は木、赤は火、白は金、黄は土に結びつく正式な色だと考えられた。武帝(位前一四一~前八七)のとき、漢が土徳の王朝とされるのに合わせて黄色が貴ばれるようになり、前漢末に漢火徳説が採用されたのちは赤が重視されるなど、漢代でも色と五行の結びつきが強く意識される場面はあったし、後漢時代の赤綬は漢の火徳の象徴として扱われていた形跡もある(第二章)のだが、しかし綬色全般に関しては、五行に沿った五色を揃えるかたちにはなっていなかった。白い衣裳は喪事用という理由もあるのだろうが、他方、緑や紫といった間色《かんしょく》(正色を混ぜ合わせたイレギュラーな色)が高いランクを占めていることは興味深い。そもそも漢の服飾制度は、五行思想が現れる以前から各地に存在していた制度や習慣を整理して出来上がったもので、五行だけで全てを説明できるようにはなっていなかった(阿部幸信「後漢服制考」二〇〇七)。綬色の制度もまた、戦国時代に諸国で行われていた制度を手本にしながら、五行とは別の論理に従って決められたのではないか。

綬の密度と長さ

綬の幅は一尺六寸(約三八・四センチメートル)と一定であった(数字には書物によって若干の相違がある。ここでは『続漢書』に従う)が、等級によって縦糸の首数は異なっており、皇帝の黄赤綬は五〇〇首もあったのに対し、下級官吏の黄綬は六〇首しかなかった。当然、上位の綬ほど目の細かい、密な織物に仕上がっていたはずである。ただ、密度の違いはあるにせよ、「ひも」と呼ぶには幅が広すぎる。印章に取り付ける際には、いったん折りたたむなどして、細くまとめなければならなかったことだろう。当たり前のことだが、織物の密度が高いほど「折りたたむなどして、細くまとめ」るのは難しいので、瓦鈕の大きい孔に粗い綬を通すことはできたかもしれないが、亀鈕の小さな孔に密な綬をそのまま通すようなことは、どうやっても不可能だったはずである。

綬には密度のほか、長さの違いもあった。もちろん上位の綬ほど長く、皇帝の綬は二丈九尺(七メートル弱)にも及び、下級官吏の綬でも一丈五尺(約三・六メートル)あったという(『続漢書』)。こうした綬の長さは、戦国時代以前から貴ばれてきた三つの聖数(九、六または十二、八)を組み合わせて設定されていた可能性が高い。皇帝の綬の長さ(二丈九尺)が九・十二・八の総和として定められていることがその何よりの証拠で(皇帝綬を二丈三尺とする異説もあるが、二十三もやはり九・六・八の総和)、それ以外の綬の長さ(単位は尺)も、

赤綬……………28＝12＋8＋8
緑綬……………21＝9＋12
紫綬・青綬……17＝9＋8

黒綬……………16＝8＋8
黄綬……………15＝9＋6
青紺綬…………12＝6＋6

と説明し得る。なお、なぜ九・六(十二)・八が重要なのかを理解するためには、音律を定めるための三分損益法(ないし三分益損法)という理論をまず押さえておく必要があるが、これについてはコラム1にゆずる。

さて、こうしてざっとみただけでも、綬の制度は公印よりずっと込み入っていることがわかる。ただ有難いことに、綬の密度や長さの制度は全て色調の等級づけに合致するようにつくられているので、綬色の序列さえ承知していれば、あとのことは考えなくて済む。この点は逆に公印の方が面倒で、同じ材質の印章に異なる呼称が与えられていたり、国内の臣下と国外の臣下で制度が違ったりするのだが、そうしたことについてはできるだけ話が錯綜《さくそう》しないように順序立てて紹介していくので、ご安心いただきたい。

本書の狙い

印綬の具体的な形状については、ここまでの説明によって、かなり具体的にイメージできるようになったことだろう。しかし、それで印綬のことが十分にわかったかというと、むしろ逆ではないだろうか。そもそも公印は、どういう目的で支給されたのか。なぜ公印を身につける必要があったのか。公印や綬の等級づけの基準は何で、そこから何がわかるのか。こうした疑問が次々に湧いてきたはずだ。そうした疑問に答えながら、漢代の印綬制度の背景にある理念や世界観を読み解いていくことが、本書の狙いである。

次章から具体的な議論に移る前に、ひとつだけ断っておきたいことがある。国家が印綬を臣下に与える習慣は、恐らく戦国時代に始まり、隋の時代まで続いたとされる。印綬の制度について語ろうとするなら、本来は、時代の幅をより広く設定しなければならない。にもかかわらず、本書は漢代を議論の中心に据えようとしている。漢代は四〇〇年以上もあるので、正直なところ漢代だけでも広すぎるのだが、とはいっても、『キングダム』や『三国志』のことをより詳しく知りたいという人はきっといるはずだ。それをわかっていながら漢代の話に特化するのには、もちろんちゃんとしたわけがある。

第一に、戦国時代から秦にかけての、あるいは魏晋南北朝期の印綬のことについては、不明なことが多すぎるということがある。前者は根本的に史料が少なすぎるのが最大のネックで、戦国印の研究が近年かなり進んできているとはいえ、そこから「理念や世界観」を語れるようになるまでには、もう少し時間が必要だろうと思われる。まして綬に至っては、何ひとつわかっていない状態である。後者はもうちょっとややこしく、文献の記録は（五胡《ごこ》十六国・北魏《ほくぎ》時代を除くと）詳しすぎるくらいあるものの、出てくる遺物がてんでばらばらで、それらを体系立てて理解できる状況にまだない、ということが大きい。それに加えて、魏晋南北朝時代の印章の価値を低くみる研究者の偏見が、研究の進展を阻んでもいる。例えば、この時期の公印に文字の読み取れないような作例がままみられることについて、印章による封印の役割が低下し、印章そのものが退化したという解釈が専門家のあいだでは一般化している。しかし、これはかなり怪しい。魏晋南北朝期の公印の文字が漢代に比べて乱れていることは確かだが、遺物からみる限り、鈕はむしろ南北朝期に発達したふしがあるし、綬の制度が複雑化のピークを迎えるのも南北朝末期のことである。文字に限定せず、公印や綬のつくりを総合的にみた場合、印綬制度は南北朝のとき最盛期を迎えると言っても過言ではないのだ。にもかかわらず、この時代には公印が衰退したなどと軽々しく言われてしまうのは、「はじめに」でも述べたように、個々の公印に関心を示すことはあっても制度全体には興味がないという人が、学者のなかに

北朝周の亀鈕印の例　「威烈将軍印」（上海博物館蔵）

も多かったからだ。古い風潮がもたらした固定観念から解放され、未知の領域を開拓する新しい研究者が、本書の読者から現れることを願ってやまない。

本書が漢代のことをメインとする二つ目の理由は、おなじみの「漢委奴国王」金印が、ほかならぬ漢代の遺物であるからである。やはり「はじめに」で触れた通り、これまでの(日本の)中国古印の研究は、「漢委奴国王」金印ありきで進んできた。あまりに金印一辺倒になるのは考えものだが、この金印の重要性は、どんなにほかの遺物が出てこようとも、今後も減ずることはないだろう。金印の背景にある制度や時代性をふまえながら、金印の歴史的意義を十分に理解していただくうえで、漢代のことを中心に述べるのが最適なのは言うまでもない。

そして最後の、かつもっとも重要な理由は、印綬制度から垣間見える漢王朝の理念や世界観が、そののちの中国に長く影響を及ぼしたからである。漢代というのは、始皇帝(皇帝としての在位は前二二一~前二一〇)による中国の「統一」が短期間で瓦解したのち、「皇帝」を頂点にいただく国家のかたちが本当の意味で整備され、長期持続可能なものになった——そして実際に、四〇〇年以上の長きにわたって持続した——時代である。その過程で、より多くの人々を納得させられる「統一」のかたちとか、「統一」を安定的に支え得る統治機構の構造とか、「統一」された中国とその外の世界との共存方法とかいった、「統一」を維持するためのさまざまな新しいしくみが模索されたのだが、印綬制度のなかには、そうした漢王朝の努力の痕跡がありありと残されている。と言うと、巨大なモニュメントや複雑な法体系などではなく、印綬のようなちっぽけなモノが、そのような重要な役割をいったいどんなふうに担っていたのか、疑問に感じられるかもしれない。その謎を解き明かすことが、本書の究極の目的である。

さあ、前置きはこのくらいにして、漢代の印綬のうちに秘められた、壮大な世界へと歩を進めよう。

コラム1　三分損益法と京房

前六世紀の人ピタゴラスは、数の調和を追究すれば宇宙の秩序が解き明かせると考えていた。目に見えない音の秩序についても、ピタゴラスは数で表してみせた。

いまここにピンと張られた一本の弦があり、これを弾くと音がする、としよう。この弦のちょうど真ん中を押さえ、弦の長さをちょうど半分にして鳴らしてみると、もとの弦の音のちょうど一オクターブ上の音がする。このことを利用して、一オクターブ異なる音の響きの比率を弦の長さの比率によって示すと、

1(もとの弦の長さ):1/2(一オクターブ上の弦の長さ)＝2:1

になる。押さえる場所をずらして弦の長さを変えてやれば、もちろん、ほかの音も数として確認することができる。ピタゴラスはこれをさまざまに試みて、調和する音の比率を数によって表現しようとしたのだった。なかでもとくに重要なのが、3:2という比率である。

先ほどの弦の全長の1/3のところを押さえ、2/3の長さにした部分を弾くと、もとの音の五度上の音が鳴る。五度上の音というのは、簡単に言うと、ドレミファソラシドの最初のドから数えて五つ目の、ソにあたる音のことだ。ドとソがつくり出す五度(厳密には「完全五度」)の音程はもっともよく調和する響き(現代の和声学では「完

全協和音程」という)のひとつで、西洋音楽ではとても大切にされる。これを数で示せば、

1(もとの弦の長さ)：2／3(五度上の弦の長さ)＝3：2

ということになる。

　このソの弦をさらに2／3すると、ソの五度上のレ(もとのドの弦の長さの4／9)が生み出される。さらにこれを2／3するとレの五度上のラ、次はミ、その次はシ……と続き、そして十三回目にドにきわめて近い音に戻ることにピタゴラスは気づいた。五度に五度を重ねていくと、音がどんどん高くなっていってしまうが、「一オクターブ異なる音の響きの比率は2：1」という性質を使って——例えば、ソ(2／3)の五度上のレ(4／9)の弦の長さを倍の8／9にしてやる(ソラシドレと五度上がるのではなく、ソファミレと四度下がる)ことで——音域を調節すれば、この十三回の生成過程をひとつの五線のうちに示すことができる。それが下の図である。ここに現れる十二の音を一オクターブのなかに並べて作った音律を、ピタゴラス音律という。

　ただし、2／3と4／3を何度掛け合わせても決して1や2にならないことは、この数字を見ればすぐ気づくだろう。それはつまり、ピタゴラスの方法によって音の生成を重ねていった場合、もとのドの音(図の1)やその一オクターブ上のドの音に「きわめて近い音(図の13)」に

戻ることはできても、正確に一致する響きは得られないことを意味する。実際の計算結果によって示すと、図の1の音と13の音の響きの比率は3^{13}：$2^{6}×4^{6}$＝531441：262144になるが、これは一オクターブの比率である2：1に近いものの、ほんのわずかにずれていて、図の13の音は図の1の音の一オクターブ上の音よりも531441／524288（平均律における半音の約1／4）だけ高い。このずれのことを「ピタゴラス・コンマ」という。

　たったこれだけとはいえ、十二音の幅の総和がオクターブを超えてしまうことは事実なので、ピタゴラス音律を実際に運用する際には、そのやりくりが必要になった。しかもこのピタゴラス音律は完全五度や完全四度はよく響くが、ほかの音程が協和しにくいという問題もあった。そのため、五度・四度に支配されていたヨーロッパの人々の音に対する美意識が変わっていくと、やがてピタゴラス音律を微調整した、美しいハーモニーを得やすい純正律が広まった。ところが純正律は純正律で、音階中の音と音の間隔が均等でないために、実用面において扱いにくいことがあった。その不便を解消するため、現在一般に用いられている平均律では、響きの調和を犠牲にして、一オクターブ中の十二音の間隔を一定にしている。

　一方、ユーラシア大陸の反対側の中国でも、ピタゴラスと同じやり方で音律を求めた人々がいた。彼らの考え方はこうだ。

　音の基準となる管の長さを九とする。そのうちの三（＝全長の1／3）を切り落とし、管の長さを六（＝九の2／3）にしてやると、基準音の五度上の音が出る。この六の長さの管に、今度は二（＝

六の1／3)の長さを足して八(＝六の4／3)にしてやると、六の長さの管の四度下の音が出る。これを繰り返して、十二個の音を求める。三分の一を損ずることと益すことを繰り返すので、これを「三分損益法」という。流派によっては、損と益の順番を逆にして同じ結果を得る「三分益損法」の立場をとるものもあった。

三分損益にしろ三分益損にしろ、方法はピタゴラスと同じだが、異なるのは基準の長さを九におくところである。この方法だと、三分損益の場合、最初の五度の比率は9：6、その次の四度は6：8となる(三分益損だと最初の四度が9：12、次の五度が12：8)。8は3で割り切れないので、この次はどうやっても中途半端な数になるが、最初の三回が整数で計算できるところに利点があった。ここから中国では、九・六(十二)・八が音楽、さらには宇宙の秩序と結びつく聖なる数字とみなされるようになり、戦国時代には各国の度量衡や暦などに大きな影響を与えていた(平勢隆郎『中国古代紀年の研究』一九九八)。

一オクターブに含まれる十二という音の数が十二の月や十二支と重ね合わせられ、太陽や天文の運行、地上における季節のめぐりについても音律と結びつくかたちで議論されていたことは、『礼《らい》記《き》』にすでにみえる。『史記』には、三分損益法に基づく音律の求め方が、計算結果とともに詳細に記録されている。また、前漢の元帝《げん》(位前四九～前三三)に仕えた京房《けいぼう》は、十三番目の音がピタゴラス・コンマ分だけ高くなることから、これをもとの音とは別の音とみなして生成を続け、六十もの音を求めたと伝わる。易の六十四卦《か》をふまえたからだとされるが、そもそも六十といえば干支の数だ。いずれにせよ、音律と宇宙観の結びつきの強さがうかがえるエピソードである。

京房がそこまで音律、つまり宇宙の秩序にこだわったのにはわけがある。彼はもともと『易経《えききょう》』を修めた学者で、宇宙の秩序だけでなく、それが反映されているとされる地上の秩序にも一家言《いっかげん》あった。政治の乱れを憂い、宦官石顕《かんがんせきけん》の専横を憎んで、元帝にもたびたび意見したという。そんな京房にとっては、あくなき音律の追究も、世直しとつながっていたのだろう。彼は功労のない者が評判だけで登用される制度こそ世の乱れの原因だと主張して、もっぱら功労のみによる新しい人事制度を提案したが、朝廷に退けられたうえ、石顕の陰謀により魏《ぎ》郡(現在の河北《かほく》省南部)の長官に転出させられた。お前さんの好きな功労による人事評価を郡で試してみたらよかろう、という名目である。京房はそれを受け入れる条件として、「刺史《しし》の監察を受けない、ほかの郡から人を登用する、千石以下の者の人事評価を自身が行う、年末には都に至って皇帝に直接ものを言う」の四点を挙げた。しかもこの期に及んで、「功労もないのに国家の上層を占めている連中だから、自分の主張が受け入れられないのだろう」などと陰口を叩いていたという。結局、年末の奏上を待たずして獄に下され、あえなく処刑された。それは、数を究め宇宙の秩序を追い求めようとするあまり、誤解され誹《そし》られて非業の死を遂げたピタゴラスの末路と重なる。

なお、京房の政治的主張の内容は、前漢後期に新しい体制が形成されていく過程で生じた摩擦を物語ってもいる。第三章を一読されたあとで、この話を改めてご覧になってみてほしい。

第一章　印綬の機能

任命儀礼と印綬

「漢委奴国王」金印が後漢の光武帝から倭奴国王《わのなのこくおう》に対して下されたものであることは、広く知られている。この説を信じる信じないは別として、倭奴国王の使者が漢を訪れ、光武帝がそれに対して金印と綬を授けたという記事が『後漢書』にみえることは確かだ。これから漢代の印綬の制度について考えていくにあたり、最初に解決しておきたいのは、そもそも光武帝が倭奴国王に印綬を与えたのはなぜか、という根本的な問題である。

漢代において、臣下に官職や爵位を授けるにあたっては、印綬を与えることが通例であった。序章で綬のつくりを確認した際、『続漢書』に書かれた後漢時代の制度を参照したが、『続漢書』は後漢時代の任命の儀式についても、詳しく伝えてくれている。それによると、式次第はおおよそ以下のようであったらしい。

まず、儀式に列席する人々がやってきて、それぞれ地位に応じた所定の位置につく。場が落ち着いて準備が整うと、介添《かいぞ》え役の謁者《えっしゃ》(応接や取次をつかさどる係)に先導された光禄勲《こうろくくん》(宮中の一切を取りしきる長官）が、会場の前方に出る。これから任じられる被任命者も、別の謁者に率いられて前に進み、皇帝の座所の下に伏す。すると光禄勲が一礼して挙手し、「詔《しょう》（皇帝の命令）により、誰それをこれこれの地位に任ずる」と呼ばわる。任命の命令書の朗読が終わると、被任命者は謁者の号令に従い二度おじぎをする。続けて、尚書郎《しょうしょろう》（皇帝の秘書の下役）が公印と綬を侍《じ》御史《ぎょし》（法律顧問役。儀礼の監督・進行も担う）に手渡し、侍御史は前に出て東を向いて立つ。皇帝は南向きに座る決まりなので、会場に居並ぶ人々の側から見ると、侍御史はこのとき会場前方にいる被任命者の左側に、右向きで立っていることになる。被任命者は侍御史と向かい合わせ、つまり西向きになって、印綬を受領する。『後漢書』には明記されないが、印綬はこの段階で箱から出され、被任命者の身につけられたようである。被任命者は再拝し、頭を地に打ちつける動作（頓首《とんしゅ》）を三回行う。ここで進行役が、「誰それは新たに封建《ほうけん》された」あるいは「誰それはいままさに任命された」と宣言し、被任命者に「お礼を述べよ」と呼びかける。このとき被任命者は、自らを「臣某《しんぼう》」と名乗る（女性の場合は「妾某《しょうぼう》」。「某」の部分は下の名前のみで、姓を言わない。そのように自称すること自体が、皇帝への絶対服従の証となる。尾形勇『中国古代の「家」と国家』一九七九）。被任命者の言葉を中謁者（取次係）が皇帝に伝達したところで、進行役が立ち上がり、「皇帝がそなたのためにお立ちになる」と告げる。皇帝がふたたび座につくと、被任命者は拝礼して、新しい地位に応じた席につく。引き出物が出され、閉式となる。

以上は、大諸侯にあたる諸侯王とか宰相級の大臣である三公とかいった、最高クラスの官爵《かんしゃく》を任ずる式次第である。任命される地位がもっと低ければ、儀式の内容もそれ相応に簡略化されたはずであるが、任命の儀式の中核が任命書の朗読と印綬の授与であることに変わりはなかった。逆に被任命者の身分がより高くなっても、任命にはやはり印綬が不可欠だった。皇后や皇太子を立てるときにも印綬が与えられたし、それればかりか、皇帝の即位さえも、即位文の朗読と璽綬《じじゅ》（印綬）の交付によって完結するものとみなされていた。漢代の印綬には現代の辞令と似た性格があったといわれることがあるのは、こうした事情による。

印綬を与えられなければ皇帝から任命されたことにはならないというのが、漢代人の基本的な認識だった。複数の官爵を兼ねる場合にも、原則として地位の数だけ印綬が交付されたのは、任命と印綬がセットだと観念されていたからだ。それは相手が国外の人間であっても、もちろん同じであった。光武帝が倭奴国王に印綬を与えたのは、使者と貢ぎ物を送ってよこした倭奴国王の態度を殊勝《しゅしょう》とし、漢の臣下としての地位を授けるにあたり、印綬が必要だったからである。倭奴国王の側がそれをどこまで理解していたかは、また別の問題だが。

信頼の証としての印綬

任命にあたって印綬を受けた者は、その地位にあるあいだは原則として常に印綬を持ち歩き、離任する際に返納した。『三国志』にみえる過激な印綬返納シーンは有名だ。

黄巾賊《こうきんぞく》を討った功で県尉《けんい》(県の警察長官)になった劉備《りゅうび》が、県を見回りにきた監察官(督郵《とくゆう》)に挨拶に行ったところ、門前払いをくらった。腹を立てた劉備は、宿所の奥へずかずか進み入り、督郵を縛り上げたばかりか、二百回も鞭打った。半殺しという表現でも控えめすぎるほどだが、それでも劉備は気が済まず、自身が身につけていた県尉の印綬を解き、その綬でもって督郵の首を馬つなぎの杭にくくりつけて、そのまま逃亡してしまったという。ちなみに、劉備を人徳者として描く明代の『三国演義』は、劉備の義弟である張飛《ちょうひ》を暴行の犯人に仕立て上げている。

劉備が自ら「(印)綬を解」いたことを、『三国志』の原文は「官を棄《す》て」たのだとみなしているが、こんなのは言うまでもなくイレギュラーなケースだ。大抵の場合は、おだやかに印綬を返して、地位を退くのが常であった。もしそれが転任に伴う離任であれば、印綬の返納と引き換えに、新しい地位と印綬が下されるしくみだった。

そのことからもわかる通り、印綬を渡すことは自身の地位を返上することとイコールだったので、ことの次第によっては服従の意思表示ともなった。高祖《こうそ》劉邦《りゅうほう》亡きあと権力をふるっていた妻の呂后《りょこう》が没した直後、北軍を率いる呂禄《りょろく》(呂后の甥)は、求めに応じて将軍の印綬を返し、恭順の意を示したという(『史記』呂太后本紀)。まして異なる国同士が覇を競い合う時代、全てをなげうち降伏する覚悟を示すには、手持ちの印綬を差し出すのが一番だった。そうすることが、もとの地位を全部捨てるという意味になるからである。それは皇帝であっても同じで、蜀漢《しょくかん》の後主劉《りゅう》禅《ぜん》も、呉《ご》の最後の皇帝孫皓《そんこう》も、攻め寄せる敵(劉禅の場合は魏《ぎ》、孫皓の場合は晋《しん》)に屈服するにあたり、自身が用いていた皇帝の印綬を引き渡すことをもって臣従の証としている。次章でみる通り、皇帝の印章は「璽」と称するルールだったから、本来なら「璽綬」とすべきところを、自身の皇帝号は僭称《せんしょう》だったと強調して許しを乞いたかったのだろう、『三国志』に残されている降伏の文書において、両者とも「印綬」と表記しているのが面白い。

地位に就くとき印綬を受けるだけでなく、離れる際には手放したということからすると、印綬は辞令というより、社員証や生徒手帳などの身分証に近い存在であったと考えられる。とりわけ、官職や爵位の名称が具体的に記された公印はそうである。公印には、任命者(突き詰めれば皇帝)が被任命者を信頼し、その結果として印面に明記された地位を与えたことを、目に見えるかたちで示す役割があったわけだ。

それを一言で言い表しているのが、後漢末の碩学蔡邕《せきがくさいよう》が編んだ『独断』という書物にある「印とは、信なり」というくだりである。この「信」は「しるし」と訳すのが妥当だが、「しるし」を意味する文字が数あるなかで、蔡邕がわざわざ「約束を確実に履行する『信頼』のしるし」を表す「信」字を使って説明していることは、彼が公印を「君主の臣下に対する信頼の象徴」とみなしていたからにほかならない。そうした性格をもつ公印を受け取ることは、任命される側にとっても重い意味があったはずだ。

『後漢書』には、蔡邕の六代前の祖先である蔡勲《さいくん》について、こんなエピソードがみえている。前漢の末期、蔡勲が郿《び》県(陝西《せんせい》省宝鶏《ほうけい》市)の長官を務めていたとき、皇帝の外戚《がいせき》であった王莽が、漢朝に取って代わって自ら皇帝に即位した。王莽が蔡勲を厭戎《えんじゅう》郡(漢の隴西《ろうせい》郡。甘粛《かんしゅく》省)の長官に取り立てようとすると、蔡勲は漢から受けた県の長官の印綬を前にして、「私は漢室に仕える身、死すともそれは変わらない。二姓に仕えることなどできるものか」と嘆き、家の者らとともに山中に逃亡したという。王朝の交替にあたって、新しい王朝に仕えることを拒んだ忠臣の話は珍しくないが、わざわざ先の王朝から受けた印綬に向かってその心情を吐露し、誓いを立てているところが興味深い。皇帝と被任命者個人は、まさに公印を介して、心理的に結び合わされていたのである。

印綬の追贈

地位から離れれば印綬を返納するという決まりには、例外もあった。被任命者が在任のまま亡くなった場合である。

通常であれば、たとえ死亡が離任の原因であっても、印綬は返納された。少なくとも、漢の印綬制度が固まった武帝期以降は、それが大原則であった。ところが、武帝の曾孫《そうそん》である宣《せん》帝の時代(前七四~前四九年)から、印綬を回収せず、もとの所持者の亡骸とともに墓に入れた例がみられるようになる。これを印綬の追贈《ついぞう》という。「事後に行う」ことを表す「追」がくっついているが、当時は「贈」といえば、これ一語だけでも「死者に与える」という意味だった。

　印綬の追贈にあたっては、生前所持していた印綬がそのまま与えられた。ただし、死去に際して新しい官爵が授けられた場合には、それに見合った印綬を別途支給し、古いものと差し替えたようである。当初は特別な恩典であったが、後漢に入るとある程度制度化され、諸侯王などの高い爵位を有する者には、とくに命令がなくても公印や綬を随葬《ずいそう》するようになった(阿部幸信「漢代における印綬の追贈」二〇〇二)。印綬が「君主の臣下に対する信頼の象徴」であったからこそ、その保持を死後も許されることは、格別に手厚い待遇と受け止められたのである。それは印綬を追贈する皇帝の側からみても同じだったので、何らかの理由で死者の地位を剝奪する際には、わざわざ墓を暴いて印綬を取り戻した(『漢書』師丹《したん》伝)。魏の王淩《おうりょう》に至っては、屍《しかばね》を野ざらしにされたうえ、追贈されていた太尉《たいい》の印綬を焼き捨てられたという(『三国志』王淩伝)。

　一九八一年に江蘇《こうそ》省揚州《ようしゅう》市の附近で見つかった金印「広陵王璽」は、後漢初期の広陵王劉荊《りゅうけい》のために、「漢委奴国王」金印の翌年に製作されたものと考えられている。この二つの印章には似通った特徴がいくつもあることから、「広陵王璽」は「漢委奴国王」金印が偽造品でないことを証明する遺物ともいわれるが、文献に劉荊への印綬追贈を命じた記事がみえないことを理由に、

「広陵王璽」は公印ではないと主張する立場がある。しかし、後漢時代の諸侯王が無条件に印綬を追贈される対象であった以上、そのような解釈は成り立たない。制度中に定められていることを、とくに命令することはあり得ないからである。

逆に、二〇一一年に江西《こうせい》省南昌《なんしょう》市で発見され、現在も整理作業が進行中の海昏《かいこん》侯墓からは、随葬用に作られた見事な私印がいくつも見つかったものの、海昏侯の公印はとうとう出てこなかった。墓主の廃《はい》帝劉賀《りゅうが》が葬られたのは、劉賀に取って代わるかたちで皇帝に即位した宣帝の治世のことで、そうした劉賀の微妙な立場が公印の随葬を妨げたのだとみる人もいる。だが、先述したように、前漢宣帝期というのは印綬の追贈がはじめて行われるようになった時代であり、ごくごく限られた対象(文献上、宣帝期には一例しか確認されていない)を除けば、公印やその綬が随葬されるようなことは、被葬者の身分がどんなに高かろうと、決してあり得ないことであった。劉賀は別に意地悪をされたわけではない。

印綬の追贈が制度化されると、やがて、死後も保持できる印綬と死んだら返納しなければならない印綬とのあいだに、相応の区別が生まれてきた。前者が文字通り「授ける」ものであるのに対して、後者は「仮に授ける」ものということで、それを下げ渡す行為は「仮」あるいは「仮授」と表現された。後漢末から西晋時代にかけて、両者の区別が厳密になっていくのと並行して、印綬の追贈の制度も、「世襲される地位には追贈を認め、世襲が許されない地位には認めない」というかたちに固まっていったようである。『後漢書』には、金銭と引き換えに関内侯《かんだいこう》の爵位を一代限りで認める「売爵《ばいしゃく》(爵位の販売)」が後漢末に行われた際、その印綬は仮授として扱われたと記されている。だからといって実際にそれらの印綬が返納されたのかは、当時の乱れた世相に照らすとかなり怪しいのだが、むしろ確実に回収できるかわからないからこそ、それが子孫の手元に残ってしまったとしても、爵位そのものは世襲できないと主張するために、仮授扱いにしたのではあるまいか。そこから推定すると、『三国志』魏志倭人伝にみえる「親魏倭王《しんぎわおう》」卑弥呼《ひみこ》への印綬の仮授も、魏が卑弥呼との関係を一代限りと考えていたことの反映だろう。

印綬の追贈対象が世襲される地位全般に拡大していくにつれ、貴重な金属で作った公印を墓に持ち込ませること——それは、追贈される公印自体が失われるだけでなく、後継者に与えるための新しい公印を製造することをも意味する——が、財政上の負担になっていったらしい。南朝の時代には、蜜蠟《みつろう》を使って公印を模したもの(蜜印)を作り、それを公的な追贈印として下げ渡すようになったという。当時、印章をはじめ金属器を鋳造する際には、蜜蠟でこしらえた原型を使って鋳型をとることが一般的だった。のみならず、蜜蠟は蜜蠟でそれなりに高価な品物でもあり、南北朝時代には高位の臣下が死ぬと、国家が蜜蠟を下げ渡す習慣もあった。だから、公印の模造品の材料として蜜蠟が選ばれたことは、それほど不思議なことではない。

竹簡・木簡と紙

では、皇帝から印綬を受け取った者たちは、それをどのように用いていたのだろうか。いま私たちが使っている印章は、朱肉で紙に押す。朱肉は使わないにしても、スタンプや芋版など、ハンコの類は印面にインクをつけて使うものだというのが、現代の日本人が当然のように抱いている感覚だろう。本書の冒頭で紹介した円筒印章に我々がどこか新鮮さを覚えるのは、そのせいである。

ところが、紙の登場時期というのは、印章の起源よりも圧倒的に新しい。かつては後漢時代の蔡倫《さいりん》が紙を発明したなどといわれていたが、いまでは前漢時代まで遡ることがわかっており、蔡倫は紙の「改良者」とされる。その一方で、一九九〇年代以降、魏晋時代の竹簡・木簡が多数発見され、三世紀の行政文書が紙に書かれていなかったこともはっきりしてきた。紙が普及するには、相当長い時間がかかったのである。

竹簡とか木簡はかさばるので、不便だと思っている人も少なくないだろうが、個別の記録を寄せ集めたり、条件ごとにソートしたり、情報を随時追加していったりする場合には、紙よりも竹簡や木簡の方がずっと便利だ。紙を作るには手の込んだ工程が必要だが、竹簡・木簡なら、少数でよければ、手近な竹片・木片を加工するだけですぐ用意できる(竹簡・木簡の加工にも相応の手間はかかるが、製紙に比べればずっとましだ)。また何より、不注意で書き損じても、竹簡・

木簡を刃物で削って書き直した跡（長沙走馬楼《そうばろう》呉簡）
左の例では「五」字の上に刃物を入れた線が見える。また、右の例では「五」字の部分がえぐれたように凹んでいることが見て取れる（著者撮影）。

木簡の文書はその箇所だけ削って書き直すとか、一枚だけ差し替えたりとかいう芸当ができる。これが紙だったら、汚くなるのを承知で塗りつぶすとか、別の紙を貼るとかしなければならない。最悪、全文書き直し。面倒きわまりないし、その分費用もかかる。

　というふうに、竹簡・木簡には紙にまさる利点があるので、置き換えはすぐには進まず、とくに日常的な断片的記録の集積からなる帳簿の類には、竹簡・木簡が好んで使われ続けた。製紙業が盛んになって調達コストが下がり、紙への置き換えが本格化するのはもう少しあと、東晋・南朝の頃だとみられている。であれば、長らく謎とされてきた、中国での竹簡・木簡消滅の時期と日本での木簡の使用時期のあいだにある大きな年代のずれという難題も、容易に解決できる。

　こうした現在の理解に基づけば、魏晋期に紙の行政文書は一般的でなかったはずだから、ましてそれ以前の漢代には、公印を紙に押すことなどなかったということになる。中国の東晋・南朝といえば、日本は古墳時代だ。十分古いようにも思えるが、それでも漢代からみれば、一〇〇年以上先の話である。

竹簡・木簡の綴じ方

竹簡・木簡という書写材料の特質は、それらが用いられた時代の印章の役割とも、密接にかかわっている。

先ほど、竹簡・木簡は書き損じの修正に有利だと説明したが、見方を変えると、内容の改竄《かいざん》が容易だということでもある。一文字二文字変えるだけなら、刃物でひと削りするだけであっという間だし、一本まるごと入れ替えたら、文面の差し替えまで跡形なくできてしまう。だから、いったん封をしたら途中で不正に開かれないようにすることが、何より重要になる。秦や漢の官僚支配は、広大な領域のなかで絶えず取り交わされる膨大な量の文書が意思や情報を迅速かつ正確に伝えることで成り立っていたといわれるが、そんな「文書の帝国」を支えていた重要な鍵のひとつが、文書の機密を保持するための封印の制度だったのである。

竹簡や木簡は、ある程度の枚数が揃うと、上から三分の一ほどのところと下から三分の一ほどのところの二箇所に紐をかけて、まとめて綴《と》じられる（文書の性格に応じて、もともと綴じてあるものに書きつけることもあった）。「冊」という字は、紐で綴じられた竹簡や木簡の様子をかたどったものだ。この綴じ紐のことを「編」という。書物を熟読することを「韋編三絶《いへんさんぜつ》」というのは、孔子《こうし》があまりに熱心に『易経《えききょう》』を読んだため、革（韋）製の綴じ紐が三度もちぎれた、というエピソードにちなんでいる。こうしたひと綴りの竹簡・木簡を端からぐるぐる巻いたものが、文書のひとつの単位とみなされる。今日でも、書物は一冊・二冊、あるいは一巻・二巻と数えるが、それらはいずれも古い書物の形状からきた表現である。

この巻物をそのまま持ち運んだのでは、ちょっとしたはずみで簡単に開いてしまう。機密がどうこう以前に、扱いにくい。だから、外側から別の紐を巻きつけて、全体を束ねてやらなければならない。そうしたあと、外周に巻いた縛り紐（もとは一本の紐だが、巻物のまわりを何周もし

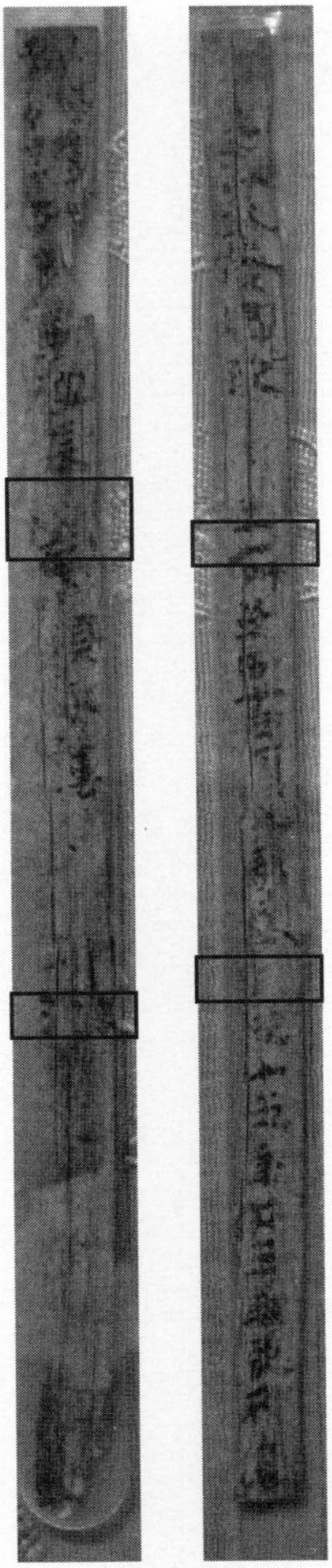

竹簡に残る編綴痕《へんてつこん》（長沙走馬楼呉簡）
太枠で囲んだ箇所に綴じ紐の痕（付着物やこすれ）が残っている（筆者撮影）。

ているので、見かけ上は数条になっている)をまとめた上に粘土を盛り、そこに印章を押す。ただしこれだけでは粘土がはずれやすいため、それを防ぐために、あらかじめ巻物の外側に粘土を置いておき、この粘土に縛り紐をくい込ませながら数周巻きつけ、最後に粘土を整形して封印するやり方もあった。

封泥

この封印に用いられた粘土のことを「封泥《ふうでい》」と呼ぶ。たとえ封泥があっても、縛り紐を切れば、封泥を壊さずに文書を開くことはできる。したがって、その気になれば盗み見も可能だが、仮にそうやって開封してしまった場合、痕跡なく元通りにするには、もう一度封泥を使って封印をやり直すしかない。いくら封泥をそのままにしておいても、紐を切ってしまっているのだから、結び目を残さずに元通りにはできないからである。よって、封泥も縛り紐もきちんとした状態で届けば、その文書の内容は元のままだと考えて差し支えない。一見ひどくアナログだが、改竄の有無を容易には確かめられないデジタルデータをやり取りするより、よほど間違いのない方法だともいえる。

実際に竹簡・木簡を束ねる際には、宛先や発信情報を記載したりするための専用の器具(封検《ふうけん》)が併用された。封検にはさまざまな形状があるが、多くは縦長の厚手の板の加工品で、巻物の外

「軑侯《たいこう》家丞《かじょう》」の封泥が入っている封泥匣
（湖南博物院蔵）

居延《きょえん》出土の封検
（『居延漢簡甲編』より）

側に置いて使用する。なかほどに封泥を入れる四角い凹み（封泥匣《ふうでいこう》）が設けられており、これが封泥の脱落や破損を防止する。発信者はこの部分を通るように縛り紐をかけて、その上に封泥を乗せて封印する。受領者は、封検や文書に記された情報と封泥上の印影とを照合して、発信者を確認するのである。さらに、全体の外側に袋をかけたうえで、それを封印することもあった。いずれにしても、封をするには封泥と印章を用いるという原則は同じだった。ここでは文書の封印を例に説明したが、封泥は文書以外の荷物や容器・倉庫などの封印にも用いられたし、ときには文字を記した簡牘《かんとく》（記録に用いる竹の細い簡《ふだ》や木の札・幅広の牘《ふだ》を総称して「簡牘」という）へ直に粘土を載せて印影を残し、記載内容の有効性を示すような使い方もあっ

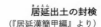

た。封泥・印影に関しては、漢代にはむしろ正当性や権威の表示こそがその本質的な機能で、封印は副次的なものだったという見解が有力である(冨谷至「檄書考」二〇一〇など)。

開封する際には縛り紐を切って、封泥は捨ててしまうのが当時の習慣だった。そのため、封泥が原型を保ったまま残ることも珍しくない。封泥の発見は十九世紀からしばしばあり、当初は印章を製作する際の鋳型とみなされたこともあったが、陳介祺《ちんかいき》(一八一三〜八四。『封泥攷略』で知られる)をはじめとするコレクターたちの尽力もあって、本来の用法が明らかになった。一九九〇年代には、秦の都であった咸陽《かんよう》にほど近い西安《せいあん》市の西北郊外の相家巷《そうかこう》から総数数千点に及ぶ秦の封泥がまとまって出土するという大ニュースもあった。近年では、X線を用いて封泥内部の紐の通り具合を調べたり、裏面の状態を観察するなどの方法によって、封泥そのものの細部に迫る画期的な研究も出てきている(谷豊信「X線画像による古代中国封泥の研究」二〇一六など)。封泥を利用して、文献に残っていない官職名や地名、さらには交通路を復元する試みもある。封泥研究は、いま秦漢史研究において、もっともホットな分野のひとつである。

中国の古い竹簡・木簡は、日本ではなかなかお目にかかれないが、封泥であれば比較的容易に見ることができる。茨城県古河《こが》市の篆刻美術館のような専門の施設もあるが、とりわけ有名なのは、六〇〇〇点を超える東京国立博物館のコレクションである。その大部分は、一九三五年、東洋紡績社長などを務めた実業家の阿部房次郎《あべふさじろう》が買い取った封泥を同館に寄贈したもので、前述した

「皇帝信璽」封泥（東京国立博物館蔵）

陳介祺の旧蔵品を中心とする。現存する唯一の皇帝璽の封泥である「皇帝信璽《こうていしんじ》」封泥も、これに含まれる。見た目はただの粘土の塊なので、参観者の印象にはあまり残らないようだが、世界じゅう見渡しても類のない、きわめて貴重な遺物である。

封印の道具としての公印

漢代、あるいはそれに先立つ時代において、文書の封印に印章が不可欠であったことは、ここまでの話でおわかりいただけたことだろう。そうした事情があったため、公印が臣下に下げ渡された理由も、公印による封印が発信者を証明するのに必要だったからだと説明されることが、以前の常であった。

少なくとも、公印を給付する習慣の起源については、この説明に則して理解するのが妥当と思われる。中国の印章は文字を主体とする点に特色があり、とくに公印には、官職や爵位など、所持者の地位が明記されている。こうした公印の特徴は、封泥が発信者の証明とみなされた時代があったことを示している。出土遺物や文献の記録から、公印は戦国時代に制度化されたものと考えられているが、それはちょうど竹簡・木簡が普及し、中央政府と地方に派遣された官僚とが文書を頻繁にやり取りできるようになり、集権化が進んだ時期と重なる。こうした時代において、国家が官僚に対して公印を与えるという行為には、「この印章でもって文書を封印して送れ。そうすれば、確かにお前が発信者であるとわかるから」という含意があったはずだ。公印の規格が厳密に定められていたのも、もとはといえば、偽造防止のためだったろう。

ところが漢代には、公印を使用せずに公文書をやり取りする機会が結構あったらしい。当時の公印は、官府(役所)そのものに対してではなく、官府の長官や次官という個人に対して支給されるものだったから、官府を代表し得る公印を持っているのも長官と次官に限定されていた(第三章)。そうした人々にも出張はあるし、休みもあるから、公印の所持者が常時官府に詰めていられたわけではない。またそもそも、当時の文書行政の煩雑《はんざつ》さからいって、長官や次官の名で発信される文書の全てを、彼らが自身の公印で直に封印するわけにもいかなかっただろう。そのせいか、出土した漢代の文書には、「私印をもって事を行う」、つまり私印を押捺したと明記された記録が相当数残っている(発信者と封印に用いられた印章の所持者が異なることもあった)。日常的には、むしろその比率の方が高かったようだ。封泥の印影と発信情報の照合は封検や文書の記載に基づいて行われるので、押捺されているのが公印でなくても、業務のうえで特段の支障はなかった。要するに、公文書の封印のために公印を支給したという従来の解釈は、公印が登場した契機は説明できても、文書行政が高度に発達した秦漢時代の実情には合致していないのである。

そこで重要なのは、逆にどういう場面において公印による封印が必要だったのか、という点である。公印がそれを支給する中央政府と、そこから派遣される官僚とのあいだのやり取りに必要だったという本来の事情に鑑《かんが》みて、官府の外の他官府、とりわけ中央政府に送る文書に、公印を用いる必要があった可能性はきわめて高い。実際、秦都咸陽附近の相家巷から出土した大量の秦の封泥に残された印影は、私印と思《おぼ》しきものも一部含まれてはいるものの、大半は公印のものである。それに対し、これまでわかっている限り、「私印をもって事を行う」とされた文書は、原則として官府や部局の内部とか、公印の所持者がそもそもいないようなごく下級の部課のあいだで取り交わされたものである。各地で出土している秦漢時代の行政文書には部局内とか下級部課のものがもともと多いし、漢代の都から封泥がまとまって見つかった例もまだないので、どこまで断定できるか難しいところもあるが、いま残されている材料から言うならば、漢代の公印とは、国家から任命された者が都にいる任命者(突き詰めれば皇帝)と文書を取り交わす際に用いる、いわば「皇帝と交信する資格の証」だったのではないか。その「資格」に則して使用される限りにおいて、それは確かに発信者を示す封印のための道具だったけれども、だからこそ逆に、場面を問わずやたらと使うような種類のものではなかったと考えられる。同一官府に属する役人同士が日常的に交信する場合、やり取りの内容や性格にかかわりなく、封印に公印を用いる必要あるいは義務は事実上なかったか、あったとしてもそれほど厳密ではなかったのだろう。

公印のこうした用法は、それが皇帝と被任命者個人を心理的に結びつける絆であったことと密接にかかわる。漢代において、公印は信頼の象徴として皇帝から交付されたが、それは封印の「道具」としても、皇帝と被任命者を結びつける役割を担わされていた。公印の道具としての機能と象徴としての機能は、ばらばらに存在していたのではなく、本来同じところに根ざすものであったのだ。

位階標識としての印綬

他方、公印には、もうひとつ見逃すことのできないはたらきがあった。それを示唆《しさ》するヒントが、公印の材質や鈕形の多様性である。

そもそも、文書を送ってよこす可能性など皆無に等しい東方の果ての島に、あんな豪華な「漢委奴国王」金印を送ってやったのはなぜだろうか。公印は信頼の証だから、それが実用に供されるかどうかは思案の外だったと言ってしまえばそれまでだが、そうだとしたところで、何もわざわざ金で作らなくてもよさそうなものだ。

それは国内の臣下の公印にしても同じである。単に信頼を示したり発信者を証明したりするだけでよければ、材質を金・銀・銅に分けたり、複雑な鈕を作ったりする必要はない。コスト面から言えば、全部を瓦鈕の銅印にしてしまえばよいし、実際に隋唐以降の役所の印章は、全て細長い単純な形状の把手《とって》のついた銅印だった（唐の制度をまねた日本の古代官印はこれに類似する）。それに比べてバラエティに富んだ漢の公印の制度には、用法だけからでは捉えきれない、どこか不思議なところがある。

公印に綬を装着して持ち歩けるようにしたのはなぜか、という問題もある。それが皇帝の信頼の証で、皇帝との交信に必要な特別な道具だというなら、役所に大事にしまっておくのが一番だ。この点についても隋唐以降の諸王朝は割り切っていて、公的な印章は役所に常備するものとし、官僚個人に印章を持たせること自体をやめてしまった。ところが漢は、公印とともに綬を与えていたばかりか、綬のつくりにまで複雑な工夫をこらして、細かく等級づけをしていた。どうにも話のつじつまが合わない。

この難題の突破口が、前漢時代の歴史について記した『漢書』のなかにある。

武帝期のはじめ、朱買臣《しゅばいしん》という人物がいた。いっとき武帝の側に仕えたが、のちに地位を失い、都の長安に置かれていた故郷の会稽郡《かいけい》（現在の江蘇省南部・浙江省《せっこう》・福建省《ふっけん》一帯。治所はいまの江蘇省蘇州市《そしゅう》）の屋敷（郡邸）にしょっちゅう出入りしては、居候《いそうろう》同然の暮らしをしていた。一方、その頃会稽郡の近くでは、東越《とうえつ》という勢力が漢に敵対的な行動をとっていた。そこで、現地の情勢に詳しい朱買臣は東越を討つ策を献じ、その功績を認められて、会稽郡の長官（太守）に任じられた。朝廷において太守の印綬を受領した朱買臣は、それを懐に、もとの着物を着たまま徒歩で郡邸に戻った。ちょうど会稽から会計報告のために役人が出てきている時期で、大勢が揃って飲み食いしている。朱買臣はそこに上がり込み、何食わぬ顔で座に加わった。誰も朱買臣に目もくれない。そろそろお開きという段になって、朱買臣は懐に隠していた綬をちらつかせた。目ざとくそれを見つけた郡邸の管理役(守邸)が怪しみ、綬を引っ張り出してみると、その先についているのは何と、会稽太守の印章ではないか。守邸は仰天してその場を飛び出し、会計報告の役人に話したが、役人はまさかと取り合わない。いいから試しに見てくれと、守邸がしつこく食い下がるので、日頃から朱買臣を小馬鹿にしているある男が、朱買臣のいる部屋をのぞき込んでみたら、果たして守邸の言う通りだった。一同みな大いに驚き、新太守に拝謁しようと中庭に並んだところへ、朱買臣は悠々と姿を現してみせた。しばらくして迎えの馬車が到着すると、朱買臣はそれに乗り込み、そのまま任地に向けて去ったという。

守邸が朱買臣の綬を見て怪しんだのは、郡邸の管理役という職務柄、太守の綬を目にする機会が以前にもあったからだろう。要するに、綬(の色)を見さえすれば、わかる者には着用者の地位の見当がついたわけだ。それがこのエピソードの肝で、もし守邸が朱買臣の無言のメッセージを理解しなかったなら、このような騒動は起こらなかったはずである。

もうお気づきのことだろう。印綬は、等級によって材質や色調が異なっていたから、それを身につければ、地位の違いを示すしるしとしても機能し得たのである。やや硬い表現を使えば、印綬は「位階標識」でもあったのだ。ここでいう「位階標識」とは、文字や言葉に頼ることなく、見た目から位階を瞬時に認識させる目印のことを指す。今日の日本の中学校や高校では、上履きやジャージの色で学年がわかるようになっていることがあるが、あれと同じようなものだと思えばよい。

とくに綬は、封印という使い道がある公印と異なり、もともと道具としてはただの装飾品でしかないということもあって、位階標識としての性格をいっそう強く帯びていたとみられる。実際に『漢官儀』は、

綬とは、引き受けるところがある〔ことを示す〕ものである〔ので、「受」と同音なのである〕。尊卑を区別し、徳があることを明らかにする。

と述べている。わかりやすく言えば、綬というものは役目なり領地なりをお上より受けた証であり、色の違いによって地位の高下を明示することで、受けた立場に見合った品格が備わっていることを目に見えるかたちで表しているのだ、というのである。漢代の人にとって、綬がいかに重要な位階標識であったかをうかがわせる。

ただし、綬はあくまでも位階標識、すなわち「文字や言葉に頼ることなく、見た目から位階を瞬時に認識させる目印」なので、綬によって示すことができるのは漠然とした「尊卑《そんぴ》」つまり地位のランクまでで、具体的な官職や爵位となると、身分証に相当する公印の印文を見なければわからなかった。ジャージや上履きの色が示せるのは学年どまりで、氏名や学籍番号を知ろうと思ったら生徒手帳を見なければならないのと同じだ。だから、守邸は朱買臣のついた地位を確認するために、綬の先についた公印を引っぱり出したのである。と言うと、人によっては、そんな曖《あい》昧《まい》なかたちで「尊卑」をわかりやすく表現することにいったいどんな意味があったのか、と不思議に思うかもしれない。このことについては第二章で改めて述べよう。

印綬の装着方法

印綬には「見た目から位階を認識させる目印」としての機能もあったということになると、その「見た目」はどうであったのか、ということも考えておかなければならない。言い換えれば、印綬はどのように身につけられたのか、という問題である。

江蘇省徐州《じょしゅう》市の北洞山《ほくどうざん》漢墓から出土した一群の彩色陶俑《とうよう》には、腰の部分にリボン状の装飾品が描かれており、これを綬とみなす説がある(王方「徐州北洞山漢墓陶俑佩綬考」二〇一五)。それに従うと、腰に巻きつけた綬の下部を身体の前方で結って、そこに公印をぶら下げていたらしい。

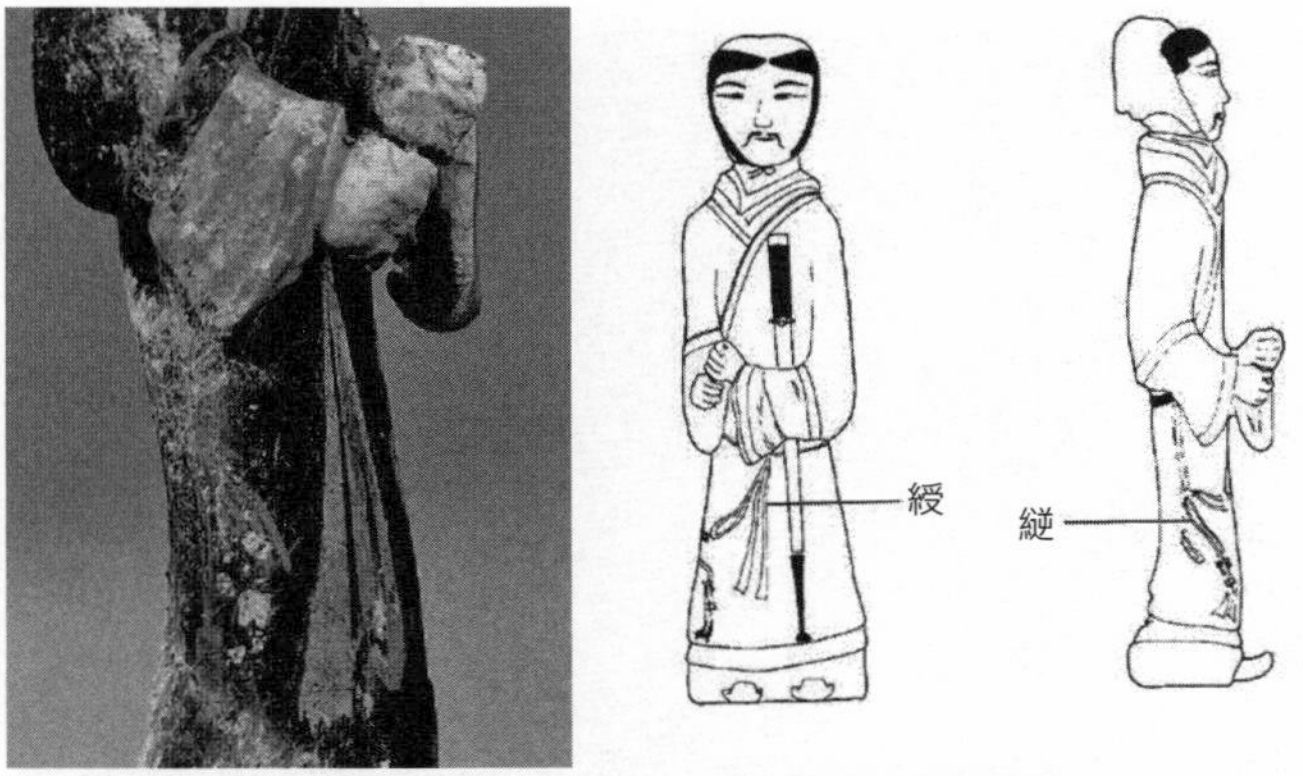

北洞山陶俑EK3の側面局部と模式図（「徐州北洞山漢墓陶俑佩綬考」より）

序章でみた通り、綬は長いもので七メートル近く、短いものでも三・六メートルほどはあったから、腰を二回りくらいさせてもかなり長い余りが出る。その部分を結って下げることが前提であったのなら、これほどの長さであったことも理解できる。前漢末に綬を「花綬」と称した例がある（第二章参照）のは、綬を結った状態の描写なのかもしれない。また漢代の文献では、ひざかけを意味する「紱《ふつ》」「韍《ふつ》」といった語によって綬を言い表すことがしばしばあるが、それは腰の前方に幅広の綬を垂らしていたことからの連想とも考えられる。

ただし、公印をこのように上着の外に出すのが一般的な習慣であったかどうかは、また別の問題である。後漢時代の作とされる山東《さんとう》省汶上《ぶんじょう》県（済寧《さいねい》市）出土の孫家村《そんかそん》画像石には、腰の前方に幅広の長い帯状のものを結った人物群像が描かれており、これを綬

孫家村画像石（天理大学附属天理参考館蔵）
綬らしきものを身につけた人物が並んでいる。

画像石の人物の模式図
（孫機『漢代物質文化資料図説』より）

だとする解釈が根強くあるが、そこに印章の表現はみられない。前漢末以降に各地で盛んに作られた壁画墓にも、官僚の普段の暮らしが描かれているが、公印を外から見えるようにぶら下げた様子を描いたものは例がない。文献の上でも、公印は専用の袋あるいは懐に収められるものと相場が決まっている。

さらに、北洞山漢墓が武帝初期の楚王墓であることにも、一定の注意が必要である。武帝中期以降に漢と同様の制度が諸侯王国にも徹底されるようになるまで、諸侯王国の制度には独自色が強く、印綬も漢と諸侯王国とでそれぞれ別個に製作されていた。そのため漢初の公印の特徴には地域差があったことがすでに知られており、それと同様に、綬のつくりや装着方法も多少違っていた可能性は否定できない。

こうしたことから、北洞山漢墓の事例を漢代における印綬の一般的な佩び方としてよいかどうかにはまだ検討の余地が残るが、綬が上半身から腰にかけてつけられるもので、その一部が外から何らかのかたちで見えていたことは、文献の記載からもほぼ確かだ。公印が普段は露出しておらず、綬だけが見えていたということは、位階標識としてみた場合の主役は綬であり、公印は脇役にすぎなかったということになる。綬の種類の方が公印の印材や鈕形よりずっと多彩であったのは、そのためだろう。

以上述べたように、印綬の装着方法は確実にはわかっていないものの、ひとつだけはっきりしているのは、首から下げることはなかったという点である。秦王子嬰《しえい》が劉邦に降伏する際、くみひもを首に掛けて皇帝璽を奉ったという話が『史記』にみえているが、このとき子嬰が喪中の人の車馬である「白馬素車」に乗っていたというのと同じく、これは死の覚悟を示すための特別な振る舞いである。そこからもわかる通り、首から綬を下げるのは、自死を暗示する行為だった（皇帝の位を狙ったかどで譴責《けんせき》された燕《えん》王劉旦《りゅうたん》や広陵王劉胥《りゅうしょ》（ともに武帝の子）は、実際に綬で首をくくって自殺している）。綬を首から下げることにそうした意味が生まれるのは、印綬が普段首から下げられてはいないからだ。

印綬の多義性

本章で述べたことをまとめると、漢代の印綬には、

①君主の臣下に対する信頼の象徴
②皇帝と交信する資格の証
③見た目から位階を認識させる目印

という、三つの機能があったことになる。では、そのいずれが本質だったのか。

ジャージから通っている学校や所属する学年がわかるといっても、ジャージがジャージのかたちをとっている以上、それはジャージとして着られることが本来の用途で、学校の象徴とか学年の目印というのは、あくまでも副次的な役割にすぎない。公印にしても、道具として十分に機能することが、まず第一に求められたはずだ。漢代の公印に刻まれた印文の比類ない均整さは、そのことをまざまざと伝えている。そういう意味では、公印はやはり封泥上に印影を複製するための道具で、綬はその附属品にすぎなかった、ともみなし得る。

一方で、場面によっては、「副次的な役割」の方が重要視されることもあった。皇帝から地位を与えられていることを明らかにする必要がある場合には、印綬を提示するのが一番簡単かつ確実な方法だった。綬をチラ見せして官職を得たことを周囲に暗示した朱買臣のやり方は、まさにその実例である。自校の生徒を見分ける手段として、校門で学校指定ジャージの着用がチェックされるとき、重要なのは「指定ジャージ」を身につけていることで、ジャージであれば何でもよいわけではないように、たとえ元は道具だからといっても、局面によっては、道具としての本来の機能とは異なる意味をもつこともあるのだ。「皇帝から地位を与えられていることを明らかに」しなければならないとき、事態を左右するのは公的に授けられた印綬の有無そのものであって、印文がきれいに刻まれているかとか、封印に使いやすいサイズであるかとかいったようなことは、この際まったく問題にならない。

さらに、印綬を所持する者同士が集う場においては、相互の位階の差を瞬時で見分けることも大切になってくる。最近の学校は昔ほど上下関係にうるさくないようだが、ジャージの学年色を見て相手に敬語を使うかどうかを判断するような場面は、いまでもきっとあることだろう。肩書きで人を判断することの良し悪しはさておき、肩書きがものをいう局面においては、肩書きを見分けるしるしの果たす役割がことのほか大きくなる。まして、あらゆるものを序列づけ、上下のけじめをつけることを最重視する儒学が幅をきかせるようになった漢代に、上意下達の官僚の世界で生きていこうと思ったら、位階の高下に鈍感ではいられなかった。そういう人たちにとって、綬色とか印材の違いは何より気になる、いや、気にしなければならないものだったはずだ。そんな彼らが、位階を見分けようとして綬色に目を凝らすとき、綬が元々どんな道具だったかというようなことを、いちいち気にしただろうか。

こうしてみると、漢代の印綬というのは、あらかじめ決まった特定の用途のために与えられていたものではなくて、持ち出される場の性格に応じてさまざまな機能を果たす、多義的なものだったとみるのがよさそうだ。公印を使って封印をする人々がいる一方で、「印とは、信なり」「綬とは、承受する所有るなり」とかいった解釈がまかり通っていたのは、印綬を給付する目的がそもそも何なのか、漢代の人にもよくわからなくなっていたからだろう。ならば、道具にせよ、身分証にせよ、位階標識にせよ、印綬がもつ「さまざまな機能」の一部だけをクローズアップしても、印綬というものの本質は捉えられないということになる。

漢代の印綬の本質を機能面から絞り込めないということは、印綬について考えるときどこから手をつけていけばよいか、簡単には見定められないということを意味する。しかし、だからといって投げ出してしまうのはまだ早い。漢代の印綬について私たちが承知しておかなければならないことが、まだあるからだ。それは、「どういう立場の者が、どのような格式の印綬を所持していたのか」という、きわめて基本的な情報である。この点が明らかにされてはじめて、皇帝から信頼されて交信する資格を与えられていた範囲はどこまでであったのかとか、印綬が示していた「位階」とはいかなる性質のものであったのかとかいった点も、具体的にイメージできるようになる。それが、その先の議論につながる突破口になるはずだ。

コラム2　出土する公印

第一章では、漢の朝廷による公印や綬の追贈は前漢後期にならないと始まらない、ということを指摘した。それ以前の時代でも私印を随葬することは普通に行われていたし、公印を意識した追贈印らしきものも見つかっている。例えば、長沙馬《ちょうさま》王堆《おうたい》漢墓出土の「軑侯之印《たいこうしいん》」金印（湖南博物院蔵）は、文字の粗雑さからいっても、漢が与えた公印そのものとは到底考えられない（よって、漢がその追贈を公的に認めた事例とはみなせないし、それが亀鈕であることも漢の制度と直結させるべきではない）が、その印文については被葬者の利蒼《りそう》の受けた公印をまねたものと考えられる。しかし、公印の随葬となると話は別だ。印綬の追贈が定制化された後漢以降においても、あらかじめ追贈対象として指定されていない一般的な公印は、特別な許しがない限りは返納すべきものであった。よって、漢代の公印が多数現存しているのは本来ならおかしいのだが、実際にはさまざまなところから公印と思しきものが出てくることがある。

そうした現象は、もちろん、昨日今日始まったわけではない。北宋の沈括《しんかつ》が著した『夢渓筆談《むけいひつだん》』という書物には、

> 今日地中から得られる古印には、軍中の官のものが多い。そのむかし個人が佩びていた印綬は、辞任や転任・死亡時には返納するもの

で、印綬の随葬を許されることはきわめて稀だった。だから、土中から出てくるものの多くは、行軍中に死没した者のものだ。

とある。つまり、すでに一〇〇〇年近く前から、公印が思わぬところから出てくることがあったわけだ。発見の経緯に若干の疑問があっても、それだけの理由で偽造品と決めつけず、そのモノの性格をふまえたうえで判断する沈括の態度は慎重だし、公印の随葬は通常あり得ないという制度的な事実をふまえて、行き倒れの落とし物である可能性だってあるよねとする解釈にも説得力がある。

　公印の発行数を厳密に計算することは不可能だが、漢代だけに限っても、万単位ではきかない途方もない数であったはずだ。反乱に泡を食って逃げ出した丞相《じょうしょう》がこともあろうに印綬をなくして鎮圧に動けなかった(『漢書』劉屈氂《りゅうくつり》伝)とか、公印を運ぶ使者が途中で便所に落とした(『魏氏春秋』)とかいう話もあるくらいなので、膨大な公印のうちの一定数が何らかの理由で失われることは、当然考えられる。しかも、人員交替に際しては、まず新任者に印綬を授与したのちに前任者のものを回収した(清代の趙翼《ちょうよく》『陔餘叢考《がいよそうこう》』)ので、手違いなどで前任者の手元に残ることもあり得た(このことからも、公印の本質的機能が発信者の証明にあるという説明には疑わしいところがある)。そうしたものが時を経て偶然見つかるということは当然あり得る、というより、むしろない方がおかしいだろう。第四章で取り上げる「淮陽《わいよう》王璽」は、その一例と考えられる。

　一方、沈括も指摘するように、公印の追贈には厳密なルールがあるのだから、そうやたらと公印が随葬されるはずはない。その意味では、むしろ公印が墓から出てくる方が特殊なのである。「軑侯之印」や同時に出土した「長沙丞相」鍍金印を、官爵名がみえるというだけの理由で即座に漢の公印そのものと決めつけるのは危険だ(長沙という出土地の特殊性や、そこが諸侯王国であったことを考慮すればなおさらである)。沈括の生きた宋代には、漢の文物・制度に対する研究が大いに進んだが、その時代の人々の成果や発想を、現代の歴史家はもっと参照してよいのではないか。

なお、漢と制度を異にする国のことについては、また分けて考える必要がある。南越《なんえつ》文帝陵は漢の年代でいうと武帝期の造営だが、そのなかからは南越帝璽の実物とみられる「文帝行璽《ぶんていこうじ》」金璽が発見された(第五章)。南越では漢より早くから公印の随葬があったのだ、と言ってしまえばおしまいだが、南越と漢のあいだにはより根本的な制度の差がある。南越の帝璽には生号が刻まれているので、所持者の死後までとっておいても使い道はない。かといって、帝の権威の象徴は容易に壊せまい。となれば、当然随葬するだろう(『漢書』は南越の明《めい》帝が文帝の璽を隠匿《いんとく》したとする)。

死後も生号を保持し、それを墓中にまで持っていく南越帝と、死ねば諡《おくりな》を贈られる漢皇帝。その違いのうちにこそ、印綬追贈という行為の本質を考える手がかりがあるように思われる。「公印はなぜ出土するのか」という沈括の問いに、まだ決着はついていない。

第二章　印綬制度の構成

漢代の統治機構の特徴

漢代において、どういう立場の者が、どのような格式の印綬を所持していたのか。印綬のさまざまな「格式」については序章で簡単に確認したので、本章では「立場」のことから話を始めよう。

すでに第一章でみた通り、公印や綬は、国家から公的な身分に任命されるときに授けられるものである。逆に言うと、印綬の所持者は、公職にあって、国家の運営に何らかのかたちで携わっていることになる。

現代的な感覚では、国家の運営に携わる公職というと、真っ先に連想されるのは公務員だろう。実際、役所で働いている人たちは、原則として公務員試験をパスした公務員か、それに準ずる立場にある。官吏登用試験に通って資格を得た公務員が行政に従事するという近代国家のシステムは、近代ヨーロッパにおいてかたちづくられたもので、そのモデルは科挙官僚が国家を動かす前近代中国の制度にあるとも言われるが、科挙（儒学に基づく官吏登用試験）は隋の時代に始まったものだから、漢代にはまだ存在しない。しかし、選抜制度こそ違え、特別な資格を与えられた官吏がきっちりした上下関係をもつ官僚機構のもとで国家を運営するという点では、漢の行政システムも隋と同じだった。だから、「国家の運営に携わる」もののひとつとして公務員をイメージするのは、漢代の感覚とそれほどかけ離れていない。

一方で、漢代の国家が現代日本と大きく異なるのは、統治機構を構成するのが官吏だけではないところである。秦の始皇帝は自身の手足となる官僚機構を通して国家を意のままに支配することを理想としたが、そうした統一秦の体制が崩壊したのちに成立した漢は、君主から領地を与えられた諸侯が領内を治める「封建制」を部分的に取り入れ、秦の体制との違いをアピールした。その結果、漢の統治機構のなかには、官吏のほかに封建諸侯が含まれるようになったのである。やや乱暴なたとえだが、知事を首長とする都道府県と、諸侯つまり殿様が治める藩が、同じ国のなかに混在しているような感じである。と言われると、とたんにイメージがつかみづらくなるのではないだろうか。制度として整合性がないようにみえるからだ。

この点は、状況だけをいくら説明してもなかなか理解しにくいので、やや遠回りではあるが、そのような制度がとられるに至った経緯を、ここできちんと確認しておこう。実はこれは、秦の「皇帝」と漢の「皇帝」の質的な相違とも関係する、なかなかに重要な問題なのだ。

秦の「皇帝」と漢の「皇帝」

いわゆる「封建制」が始まったとされる周の時代、周の王は自らの一族や功績ある臣下に、封土(領地)と人民を与えて国を建てさせた(封建)。周王から封建を受けた領主のことを「諸侯」という。

やがて周王の権威が失墜し、諸侯が周王から自立して「王」を自称するようになっても、秦の法ではほかの王のことを「諸侯」と呼んでいた。ほかの王を自国の封建諸侯だと考えたためではなく、もともと周の諸侯として肩を並べていた時代の名残として、同格の者を「諸侯」と称したのである。だから、この時期の「諸侯」とは、同じ世界(天下)のなかにいる国外の他国の君主という意味である。

その後、秦の始皇帝は全ての「諸侯」を滅ぼし、「天下一統」を成し遂げた。この短い統一の時期に、従来の王を超越した支配者の称号「皇帝」が生まれたが、ほどなくして秦の皇帝支配は崩壊し、「王」を名乗る群雄が割拠する状況となった。群雄たちは「西楚《せいそ》の覇王《はおう》」項《こう》羽を中心とする勢力と「漢王」劉邦を中心とする勢力とに分かれて争い、最終的に劉邦が勝利すると、王たちは劉邦を新しい天下の秩序の盟主とみなして、漢王に「皇帝」の称号を奉った。劉邦もそれに応え、天下の秩序に反しない限りにおいて、それぞれの王の独立を承認した。

そのことによって、漢王だけが皇帝を自称するようにはなったものの、漢王とほかの王たちが同じ天下のなかで肩を並べるという状況には変わりがなかった。そのため、漢は従来の習慣通り、ほかの王たちを「諸侯」と呼び、また「諸侯王」とも称した。それと同時に、漢は自身の国内において、建国の功臣を「徹侯《てっこう》」として封建した。同じ天下の秩序のなかにあるとはいえ、油断ならない諸侯王への対抗上、功臣にしかるべき地位を与えて結束を固め、ひとたび事あるときには頼れる味方として協力させるためである。結果的に、漢の皇帝を中心とする天下のなかには、皇帝と同格の漢の国外諸侯(諸侯王)と、皇帝子飼いの漢の国内諸侯(徹侯)という、二種類の諸侯が並存することになった(正確を期して言えば、国家に対して著しい功績のある者を徹侯ないし列侯とする制度は秦にもあった。よって、秦と漢の決定的な違いは、皇帝以外の「王」の存在を認めるかどうかにある)。

さらに時代が下り、皇帝と諸侯王の上下関係を明確にしようとする動きが高まるなかで、漢の武帝は諸侯王の独立性を否定する諸改革を進め、紀元前二世紀の末頃までに、諸侯王は漢の国内諸侯として位置づけ直されることになった。それまでの国内諸侯であった徹侯も列侯と改められ、諸侯王に次ぐランクの小諸侯とされた(列侯への改称は武帝の本名すなわち諱《いみな》〈劉徹〉を避けた措置と考えられていたが、列侯の称号が統一秦でも用いられていたことが近年判明し、「徹侯」「列侯」の意味内容についても見直されている。詳しくは荘卓燐「漢初における符の下賜」二〇一九を参照のこと。なお煩雑になるので、本書ではこのあと「列侯」で統一する)。これと並行して、諸侯王や列侯をいただく「国」の内部は、中央政府から派遣される官吏によって実質的に治められるようになったが、それでも諸侯王や列侯の領主としての地位は否定されることなく、後漢末まで受け継がれた。その結果、漢の統治機構のなかには、官吏によって形成される官僚機構と、皇帝から封建された領主＝諸侯とが並び立つようになったのである。

以上が、公務員と殿様がごっちゃになっている（ようにみえる）漢の統治機構が出来上がった顛《てん》末《まつ》である。ここからわかるように、漢の皇帝はもともと、同じ天下秩序を共有（当時の表現では「共天下」）する多くの王たちの「盟主」だった。そもそも王の存在を否定し、王を超越した支配者たろうとした秦の皇帝とは、性質がまるで異なる。こんな違いが生じたのは、わずか一五年しか持続しなかった秦の皇帝支配が、皇帝の権威のあり方を完全には確立できていなかったからにほかならない。始皇帝が新たに定めた皇帝にまつわるさまざまな制度、例えば「朕《ちん》」という一人称代名詞や皇帝の命令を「詔」と呼ぶ決まりなどは、のちの時代にも受け継がれたが、それはあくまでも形式面でのことで、もっとも根本的な「皇帝とは何であるか」という定義づけは、漢へと委ねられたのだった。

さらに言うと、秦の立てた諸制度が後世に残ったのは、漢がそれを前例として踏襲したからで、楚の制度の継承にこだわった項羽が天下を取っていたら、そうはならなかった可能性が高い。二千年以上にわたる中国の皇帝制度の全てを始皇帝の創始にかかると考えるのは、必ずしも正確ではない。皇帝支配の礎は、実際には漢によって築かれたのである。

漢の官吏の序列

さて、上述のような理由で、漢の統治機構には、官吏と諸侯が同時に存在するようになった。両者は異なる論理によって序列づけられているので、彼らの「立場」を確認するにあたっては、それぞれ別の説明が必要になる。そこでまずは、数の上で多数を占める官吏の序列についてみておきたい。

漢代の官吏の位階の高さは、国家から俸禄《ほうろく》として支給される穀物の量によって表されていた。俸禄のことを当時「秩《ちつ》」とか「禄《ろく》」といったので、官吏の位階のランクも「秩禄《ちつろく》」とか「官秩《かんちつ》」と呼ばれる。また、穀物の量は容積の単位「石《せき》(「斛《こく》」に通用させて「コク」とも読む。漢代の一斛は現在の約一九・八リットル)」で量ったことから、「秩石《ちつせき》」とも言う。言い方はいろいろあるが、指している内容はみな同じで、要はどれだけの給与をもらっているのかで地位を表現していたのである。ただ細かいことを言うと、漢代の官僚の給与は穀物だけでなく銭と合わせて支給されていたし、その額も公称される数字と同じではなかった。だから研究者のあいだでは、漢代の官秩を、俸禄の実態とは別の、純粋な位階の呼称であったとみなすのが通例になっている。

漢代の官秩の序列は、一番上が秩万石《ちつばんせき》で、その下に秩二千石、千石、八百石、六百石、五百石、四百石、三百石、二百石と続く。この序列は、例えば秩二千石であれば中二千石・真二千石・比二千石というふうに、さらに細分化されていた。しかし印綬の制度を考える場合、この点は問題にならないので、以下では省略する。また、秩二百石の下にも秩百石やそれ未満の位があったが、こうした下級の部課に属す役人は中央政府の任命ではなく、印綬も与えられなかった。よって、本書では便宜上、秩二百石を最下位と考えておくことにする。

最高位の秩万石に位置づけられていたのは、中央政府のトップを占める三人の大臣、すなわち丞相《じょうしょう》(または司徒《しと》。現代風に言えば総理大臣)・司空《しくう》(副総理)・太尉《たいい》(最高司令官)である。これらを総称して「三公《さんこう》」という。漢代の人々は、理想的な政治が行われていたいにしえの周の時代、三人の「公」のもとに九人の「卿《けい》」が、その下に二十七人の「大夫《たいふ》」が、さらにその下には八十一人の「元士《げんし》(単に「士」ともいう)」がいて、国を治めていたと信じていた(『礼記』)。その周の三公になぞらえて、漢代の官僚制度も、三人の公を上にいただくかたちをとっていたのである。もっとも、このかたちの三公制は漢の初期から存在していたわけではなく、前漢末に整えられたものなのだが、その話はのちにゆずる。

なお漢代には、三公のほかに、軍団を指揮統率する権限を与えられた将軍も秩万石とされていた。これら秩万石の大臣や将軍たちは、職務を全うするために独自の官府をもち、そのスタッフをある程度自由に任命することができた。このうち、将軍が開く府のことを「莫府《ばくふ》(幕府)」という。行軍中の将軍の本営には幕が下ろされていたからである。日本の征夷大将軍《せいいたいしょうぐん》が属僚の任免を許されて「幕府」を開いたのは、この中国の莫府の制度にならったものである。

秩二千石には、三公の下位にある各官府の長官や、地方に置かれた郡の長官(太守《たいしゅ》)が相当する。いまの日本の制度にたとえるなら、財務省とか経済産業省などの各省のトップ、あるいは都道府県の知事だと思えばよい。秩二千石にあたる中央官府の長官は、周の九卿《きゅうけい》を意識して「卿」ないし「九卿」と呼ばれた。前近代の日本において、とくに高い官位にある人々のことを「公卿《くぎょう》」と称したのは、漢代以降に行われた公・卿をいただく官僚制度の名残である。

秩千石から秩六百石にあたるのは、公や卿の官府の長官に直属する部下たちで、その多くは官府の各部局の長官となった。秩六百石までの者は、いにしえの大夫に相当する高級官僚とみなされ、それに見合った特権を与えられていた。地方においては、郡の太守の属官や、一万戸以上を有する大規模な県の長官がこのランクに位置づけられる。さらに小さな部局の担い手や、一万戸未満の県の長官は、秩五百石から秩三百石であった。秩二百石はさらにその属吏にあたる層で、原則としてここまでが中央政府によって任用されていた。

注意深い方は、この説明を目にして、あれっと思われたかもしれない。そう、県の長官には二種類あって、大県の長官は「令」、小県の長官は「長」と、呼称からして異なっていた。漢代の県は郡に次ぐ地方行政単位で、現在の日本でいえば市町村にあたる。といっても、漢と日本では国土のサイズがまるで違うから、漢代の県の制度上の位置づけは市町村レベルでも、その広さは都道府県あるいはそれ以上だと考えた方がよい。

それほどのスケールなのに、大県と小県を区別するラインが一万戸（人口にすれば五万人程度）だというのは、少し控えめな感じがしないでもない。しかし、漢の国家全体の戸数を合わせても一〇〇〇万戸前後だったのだから（前漢末の平《へい》帝〈位前一～後五〉のとき一二二三万三〇六二戸、後漢中期の順《じゅん》帝〈位一二五～一四四〉のとき九六九万八六三〇戸。『漢書』地理志および『続漢書』郡国志による）、一万戸は規模としてほどよいところだろう。一定の戸数を目安に県を二種類に分けたというのは、現代日本に市・町・村の区別があることから考えても理解はできるし、その長官の官秩に差異があるのも不思議はないが、とはいえ秩千石から秩三百石というのは相当な幅だ。時代の推移にともなって、漢の時代の人々もそう思うようになったものらしく、この点はのちに印綬をめぐる制度改革の焦点のひとつとなる。そのことは次章で詳しく述べよう。

漢の諸侯の序列

一方、官吏と並んで漢の統治機構をかたちづくる諸侯の地位は、爵位として与えられた。

漢代の爵位には二十の等級があり、これを「二十等爵《にじっとうしゃく》」という。最下位の第一級「公士《こうし》」から始まり、上造《じょうぞう》・簪褭《しんじょう》・不更《ふこう》・大夫・官大夫《かんたいふ》・公大夫《こうたいふ》・公乗《こうじょう》・五大夫・左庶長《さしょちょう》・右庶長《ゆうしょちょう》・左更《さこう》・中《ちゅう》更《こう》・右更《ゆうこう》・少上造《しょうじょうぞう》・大上造《だいじょうぞう》・駟車庶長《ししゃしょちょう》・大庶長《だいしょちょう》・関内侯と続き、第二十級の「列侯(徹侯)」に至る。

二十等爵は、功績には必ず恩賞を、罪過には必ず懲罰を与える方針(「信賞必罰《しんしょうひつばつ》」)のもと、戦国時代の秦において整備されたものである。敵の首を一つ挙げるごとに爵一級とそれに相当する恩典が得られ、何か過失があったときには、爵を差し出せば刑罰の減免を受けることもできた。秦はこの爵位をえさに民衆を戦場に駆り出し、さらには国の政策に協力するよう仕向けたのだった。漢の二十等爵制は、その秦の制度にならったものである。ちなみに、敵の首のことをのちに「首級」というようになったのは、二十等爵制において首一つが爵一級にあたっていたからだ。

右の説明からも明らかなように、秦漢時代には、民衆もみな爵位をもっていた。しかし、一般の民が得られる爵位は第八級の公乗どまりで、五大夫より上の爵位は秩六百石以上の官吏にのみ許されるものであった。二十等爵制と官秩制度のあいだには、秩万石の官は列侯に封じられるというように、一定の対応関係もみられた(とくに漢初においてはその傾向が顕著だった)ものの、全ての列侯が秩万石の官職に就くわけではないことからも明らかな通り、根本的には別系統の制度である。

二十等爵のうち印綬を与えられていたのは、第十九級の関内侯と第二十級の列侯だけであったことがわかっている。列侯と関内侯がそれより下の爵位と異なるのは、「侯」つまり国内諸侯として、領地と民をもっていた点である。見方を変えると、印綬は領地つきの爵位とセットにされていたわけだ。このことは、『漢書』にみえる高帝《こう》(高祖のこと)十二年の詔においても、「列侯として食邑《しょくゆう》(領地)をもっている者には印を佩びさせる」と明言されている。さらに前漢の武帝の時代、もともと漢の国外の諸侯だった諸侯王が国内諸侯に位置づけ直されると、諸侯王も一種の爵位のような存在になった。その結果、諸侯王＝大諸侯、列侯＝小諸侯、関内侯＝準諸侯という諸侯の序列が出来上がった。

彼らは封建諸侯ではあるが、中央政府の力が強大化するのに伴って領内を統治する権限を奪われ、武帝没後の前漢後期には中央から派遣される相《しょう》が諸侯国を治める制度が確立された。王国の相も侯国の相も、任地こそ諸侯国で、官名も大臣を意味する「相」ではあったが、彼ら自身は漢の官僚であり、その地位も官秩によって決まっていた。王国の相は郡太守と同じ秩二千石、侯国の相は県令または県長に準ずる秩千石〜三百石なので、漢の地方行政制度においては、諸侯王国は郡、列侯国は県に相当すると考えてよい。ただし、王国・侯国が郡・県と事実上同じになったあとも、諸侯王や列侯・関内侯個人は諸侯として遇され、官僚とははっきり区別されていた。

また、これらの爵位とは別に、皇帝の娘(公主《こうしゅ》)や姉妹(長公主《ちょうこうしゅ》)も諸侯と同様に扱われ、領地や民の保有を許された。「諸侯と同様」ということのなかには、印綬の授与も含まれる。領地と印綬のかかわりの深さを、ここからもうかがい知ることができる。

『漢書』の印綬制度

官吏と諸侯の序列について理解できたところで、これらの位階序列と結びついた公印や綬の格式の序列について確認しよう。漢代における印綬の役割についてさらに深く知るために、「どういう立場の者が、どのような格式の印綬を所持していたのか」を把握することが、本章の当初の目的だったからだ。なおこれ以降、「位階序列と結びついた公印や綬の格式の序列（の制度）」を繰り返し問題にするが、その都度このような長い表現を使うのはわずらわしいので、簡単に「印綬制度」と言うことにしたい。

さて、漢代の印綬制度は、時期によってかなり異なっている。漢王朝が続いた四〇〇年以上のあいだに、統治機構のしくみが何度もつくり変えられ、統治機構の位階序列やその表現手段である印綬制度も、同時に変化したためである。いきなりそうした「変化」を追いかけていくのもよいが、制度の全体像がつかめていないうちから細かい違いをあれこれ言ってもわかりにくいので、まずは正史（中国の各王朝の歴史を伝える書物のうち、正統性を公認されたもの）にまとめられた内容を押さえておこう。

前漢時代の印綬制度については、『漢書』百官公卿表に記されている。それを簡単に整理すると、次ページの表のようになる（一部は『漢旧儀《かんきゅうぎ》』などによって補う）。なお、序章で紹介した通り、銅印には鼻鈕と瓦鈕があるが、「瓦鈕」というのは後世の分類で、当時はどちらも動物のかたち

官位	爵位	印の格式	綬の格式
皇帝	天子	白玉璽・螭虎鈕	(不明)
——	諸侯王	金印・亀鈕	緑綬
相国	——	金印・(鈕形不明)	緑綬
秩万石	——	金印・亀鈕	紫綬
——	列侯	金印・亀鈕	紫綬
——	関内侯	鍍金印・亀鈕	紫綬
秩二千石	——	銀印・亀鈕	青綬
秩千石～六百石	——	銅印・鼻鈕	黒綬
秩五百石～二百石	——	銅印・鼻鈕	黄綬

前漢時代の印綬制度

をしていない単なる突起(＝「鼻」)という意味で「鼻鈕」と総称しており、文献上も区別されていないことから、以下では「鼻鈕」で一括する。

ここで「皇帝」と「天子」が並んでいるのは、誤記ではない。漢代の皇帝には「皇帝」「天子」という二つの称号があり、両者には明確な区別があった(詳しくは第五章)。皇帝が「皇帝」の印章と「天子」の印章とを使い分けるようになるのは前漢の終わり頃のことだが、それ以前から皇帝の印章は玉製(ただしいつから白玉製であったのかは不明)で、「璽」と呼ばれていた。上の一覧には挙げていないが、皇后・皇太后の公印もまた白玉璽であった。皇帝や皇后の璽が実際に「皇帝信璽」や「皇后之璽」といった印文をもっていたことは、序章・第一章で紹介した東京国立博物館の「皇帝信璽」封泥や陝西歴史博物館蔵「皇后之璽」白玉璽から確認されている(「皇帝信璽」封泥に残る印影は秦の皇帝璽のものとも言われるが、封泥の形態の特徴から、この封泥が封緘《ふうかん》に使用されたのは武帝期以降のことだと考えられるので、本書では漢の皇帝璽の封泥とみなしておく)。また、これらの遺物より、白玉璽の印面は通常の公印よりやや大ぶりの、方一寸二分(約二・八センチメートル四方)であったこともわかっている。

これに対し、方一寸で作られる臣下の印章は「印」という。『漢旧儀』など一部の文献には、秩万石・秩二千石の「印」の印文の末尾は「章」(例えば「御史大夫《ぎょしたいふ》章」)だと記されており、これを根拠に「章」とその他の「印」には区別があったと主張する説もあるが、どの文献でも両者は常に「印」と総称され、呼び名の上での違いはなかったこと、「某某之印章」として印文に「印」「章」を連用した作例が少なくないことなどから、漢代においては「印」と「章」のあいだに厳密な差はなかったと考える方が妥当である。かたや「璽」と「印」が史料中において混同されることは決してない(まとめて述べる必要がある場合には「璽印」と連称する)ことからも、「章」を独立した格式とみなせないことは明らかだ。よって、本書では「印」と「章」を汎称《はんしょう》の「印」で一括し、とくに必要のない限り、分けずに考えることにする。

皇帝と臣下の印章を「璽」「印」と呼び分ける制度は、もともと秦が定めたものであったという(『漢官旧儀』)。漢では紆余曲折《うよきょくせつ》があり、現存する遺物や文献の記載によると、漢代初期の諸侯王は玉璽を用いていたらしい。諸侯王の公印が皇帝よりも格下の金印と定まったのは、武帝元狩《げんしゅ》

「印」と「章」を連用した作例
後漢の「偏将軍印章」印影（故宮博物院蔵）。

二(前一二二)年のことであった。金印・銀印を亀鈕とするルールが確立されたのもこのときである。以後、前漢末まで、諸侯王は金印を用いた。『漢書』百官公卿表の原文は、諸侯王の公印を「金璽」と記しているが、これは後漢時代の諸侯王の公印の格式からの類推だと考えられる。こうした諸侯王印の変化に関しては、第四章で改めて扱う。

さて、以上から、白玉璽とそれ以外の「印」との区別は皇帝と臣下の差を示す、ということがわかった。では、同じ「印」というカテゴリーのなかに設けられた材質や鈕形の違いは、何に基づくものなのだろうか。

まずは官僚についてみてみよう。七五ページの表のなかにある「相国《しょうこく》」とは、丞相に代わる皇帝の補佐役として、高祖の時代に短期的に存在したものである。しかも、その地位に就いたのは建国の功臣として特別な立場にあった蕭何《しょうか》・曹参《そうさん》のみで、曹参ののちは丞相に戻された。要するに、相国とは「特別待遇を受けた丞相」の称号であり、一般的な官職とは言えない。よってこれを除外すると、金・銀・銅という材質の差は、秩万石・秩二千石・秩千石以下という官秩の序列と完全に一致することになる。他方、鈕形には亀鈕と鼻鈕があるが、亀鈕は金印・銀印に、鼻鈕は銅印にのみ付されるものだった。よって当然、鈕形の違いも官秩序列と対応する。つまり、官僚の公印の等級は、官秩序列を示していたといえる。

一方、諸侯の公印はというと、金印と鍍金印の区別はあるものの、少なくとも見かけ上、諸侯王・列侯・関内侯の印はいずれも金印である。鈕形も、いずれも亀鈕であって違いはない。このことは、(武帝期以降の)前漢の公印の制度が、諸侯の地位の差を表現する手段をもたなかったことを意味する。しかも、その格式は秩万石と変わるところがない。言ってみれば、前漢の諸侯の公印は独自の序列をもたず、官秩序列に乗っかるかたちで設計されていたのである。

このように、前漢の「印」の等級は、官秩序列と完全に一致していた。ならば、綬についてはどうか。

前漢の皇帝璽の綬の色は伝えられていないが、それが何であれ、臣下と区別されるものであったことは確かだろう。それよりも下位にある臣下の綬の色の序列は、緑―紫―青―黒―黄という五等級だった。このことを反映して、前漢末には、「花綬五等」を作ったのは漢の高祖だという言説が流布していた(劉向《りゅうきょう》『新序《しんじょ》』)。

このうち緑綬は、諸侯王と相国だけが佩びるものである(諸侯王の綬について、『漢書』の原表記は「盭綬《れいじゅ》」だが、これは緑綬と同じものと考えられる)。相国が「特別待遇を受けた丞相」であったことは、先に述べた通りだ。すなわち前漢の緑綬とは、功績のとくに大きい臣下に対する「特別待遇」を示すために設定された、別格の綬であったと考えられる。その後、前漢の早い段階で相国という地位がなくなると、緑綬をもつ官位も同時に消滅したが、爵位においては二十等爵のさらに上位にある「特別待遇」として諸侯王が存在したので、緑綬はその綬として生き残った。言い換えると、緑綬は、臣下でありながらも官秩序列や爵制序列を超越した、特殊な地位を示す標識であったわけである。諸侯王も相国も、公印はその他の臣下と同じ金印であったが、それと緑綬を組み合わせることで、地位の違いを可視化していたのだ。

公印の格式では表現しきれない差を綬によって示すというのは、黒綬と黄綬の使い分けにおいても同様だった。すでにみたように、秩千石~六百石は高級官僚で、秩五百石以下とは区別されていた。黒綬と黄綬の範囲は、ちょうどそれらと一致する。

右で挙げた以外の紫綬と青綬は、それぞれ、金印＝秩万石、銀印＝秩二千石に対応していた。緑綬はさらにその上、つまり官秩序列の「外」にあることを示す標識なのだから、緑綬と紫綬の違いもまた、官秩序列上の位置づけの差によって決まっていたといってよい。黒綬と黄綬も、印制とは重ならないにしても、官秩序列に従って設定されたものだった。ということは、前漢時代の綬制も、印制と同じように、官秩序列に従って定められていたものだとみなすことができる。しかもそれは、印制と部分的に重なりつつ、官秩序列をより詳細に表現していたのだった。

『続漢書』の印綬制度

前漢時代の印綬制度が官秩序列と強く結びつくものであったのに対し、後漢時代の制度はどのような特徴を示すだろうか。

後漢時代の公印および綬の制度については、『続漢書』輿服志《よふくし》やその注に引用された『東観漢記《とうかんかんき》』(コラム3参照)などに伝えられている。まとめると次ページの表のようになる。

後漢においても、印材の序列は前漢と同じく、官秩序列と一致していた。ここに秩五百石がみえないのは、前漢末の成帝《せい》陽朔《ようさく》二(前二三)年に秩八百石と秩五百石が廃止されたことによるもので、印材と官秩序列の対応関係が崩れたわけではない。印材という点では、諸侯の印章も、やはり全て金質または鍍金印だった。その一方で、諸侯王の印章の格式が璽に引き上げられている点だけは前漢と異なるが、このことについてはいまは措《お》いておく。

それに対し、綬制は著しい変化をみせている。すぐ目につくのは、諸侯王や長公主・天子貴人《てんしきじん》の綬として、新たに赤綬が設定されている点である。「天子貴人」の「貴人」とは、一般的な意味での「貴い人」ではなく、皇后より下位の夫人の称号だから、「諸国貴人」というのも諸侯王の夫人のことであろう。このように、諸侯やそれに準ずる高位の女性の綬が細分化されていることも後漢の綬制の特徴のひとつだが、それ以上に重要なのは、黒綬や黄綬を佩びる範囲が官秩序列と一致しなくなっていることだ。ここからうかがえるのは、後漢の綬制の赤―緑―紫―黒―黄

官位	爵位	印の格式	綬の格式
皇帝	天子	白玉璽・螭虎鈕	黄赤綬
——	諸侯王	**金璽**・亀鈕	**赤綬**
——	**長公主・天子貴人**	**金印**・(鈕形不明)	**赤綬**
相国	——	金印・亀鈕	緑綬
——	**諸国貴人**	(印材・鈕形不明)	**緑綬**
秩万石	——	金印・亀鈕	紫綬
——	列侯	金印・亀鈕	紫綬
——	関内侯	鍍金印・亀鈕	紫綬
秩二千石	——	銀印・亀鈕	青綬
秩千石～六百石・**秩四百石～三百石の県長と列侯国の相**	——	銅印・鼻鈕	黒綬
秩四百石～二百石(県長・侯国の相を除く)	——	銅印・鼻鈕	黄綬

後漢時代の印綬制度
太字の箇所は前漢からの変更点である。

という色の序列は一見前漢と似ているものの、それが表現していた位階序列は前漢と別のものだったのではないか、ということである。

実は、『続漢書』輿服志には記されていないが、後漢時代には官秩序列と合わない綬を佩びる官職がいくつもあった。例えば皇帝直属の監察組織の長である御史中丞《ぎょしちゅうじょう》や、同じく皇帝の秘書組織の長の尚書令はいずれも秩千石で、銅印を与えられていたが、その綬は青綬であったという(『漢官典職儀』『通典』)。また、皇帝のお膝元である洛陽《らくよう》(雒陽)の長官である洛陽市長も、秩四百石だが黒綬を佩びていた(『東観漢記』)。一方、御史中丞や尚書令の印綬が銅印・青綬であったことからわかる通り、こうした特例を設けるにあたっても、印制と官秩序列の関係は維持されていた。それと合致しない後漢の綬制が、官秩序列に従っていないことは明らかだ。

簡単に整理すると、印制は前漢・後漢を通して官秩序列と一致していたのに対し、綬制の示す位階序列は前漢と後漢で違うものだった、ということになる。前漢の綬制は印制と同じく官秩序列に対応していたが、では後漢時代において綬の格式を決定していたものは、いったい何だったのだろう。それを探るために、以下、後漢時代の綬制の特徴とかかわるいくつかの問題について、順番に議論していこう。

「三独坐」と青綬

後漢時代の綬制の示す内容を探るヒントのひとつは、御史中丞・尚書令の青綬にある。

御史中丞・尚書令は官秩こそ三公や九卿に劣るが、皇帝と事実上直結する重要な官職だった。そのことを反映して、後漢時代の朝廷では、首都圏の長官である司隷校尉《しれいこうい》(現代日本の東京都知事に相当する。秩二千石)と並んで、御史中丞・尚書令が「三独坐《さんどくざ》」という格別の位置を占めていたという(『漢旧儀』ほか)。漢代の朝廷の席次については、文官が西側、武官が東側に居並んでいたとされるが、詳細については研究の途上にある(聶寧《じょうねい》「秦漢時代の「朝位」空間」二〇二〇)。

よって具体的なことは明確にしづらいものの、「三独坐」が「卿の上に在」るという状態であったことまでは、『漢官儀』などの記載から知られている。早い話が、御史中丞や尚書令は、その官秩が秩千石であったにもかかわらず、朝廷では秩二千石の九卿よりも上座を占めていたわけである。

このとき、もし彼らの綬がほかの秩千石の官職と同じく黒綬であったとしたら、その場の人々の目には、紫綬を佩びる三公の下に青綬の司隷校尉と黒綬の御史中丞・尚書令がごっちゃになって並び、その下座に青綬の九卿がいる、というふうに見えたはずだ。そうする必然性があるのならそれはそれでも構わないようにも思えるが、席順とか上座下座というのは、とくにそれがフォーマルな場であればあるほど大事なものだ。いまの日本でだって、気の置けない仲間内の集まりならともかく、社内の会合で、今日の説明者は自分だからと課長がいきなり社長の上座に座ったら、ひょっとすると数日後には課長でいられなくなっているかもしれない。まして儀礼にやかましい当時のこと、いくら皇帝のお声がかりでも、何の根拠も与えられずに上座を占めれば、ややこしい問題に発展しただろうことは想像に難くない。

実際、「三独坐」をめぐって、こんな話がある。後漢が滅亡して三国時代を経たのち、西晋に入ると朝廷での席次が整備し直され、司隷校尉が九卿の上座に座るような特別な制度は公的にはなくなった。しかし旧来の慣例をすぐには変えられなかったらしく、西晋のはじめには、宮殿の門外に待機するとき、司隷校尉はまだ九卿の上座に並んでいた。ちょうどそんな時期に司隷校尉を務めていたのが、気が強く口やかましいので知られる傅玄《ふげん》という人物だった。ある日のこと、門外においていつものように上座につこうとした傅玄に対して、係の謁者(第一章参照)が「ここは朝廷と同じなので、下座に移るように」と指示した。これを侮辱と感じた傅玄は、声を荒らげて謁者を叱りつけた。その振る舞いを不敬だと告発する者がいて、結局傅玄は免職となったという(『晋書』傅玄伝)。

これはちょうど「三独坐」が消滅する過程での話なので、参考にしやすい。制度的な根拠がない限りは、いかに実権や慣例があろうと、官職そのものの地位に見合った席次につくのが朝廷のあるべき秩序である、というのが本来の考え方であったわけだ。ならば逆に、後漢時代に「三独坐」の席次を引き上げるにあたっては、ほかの官僚たちを納得させる「制度的な根拠」が求められたはずである。そうしたとき、一番手っ取り早いのは、朝廷での席次と一致した何らかの身分と、それを明示する位階標識を与えることである。といって、懐にしまわれている公印にその役割はなじまない。そこで選ばれたのが、正装した状態でも外から見える綬の方だった。御史中丞や尚書令の綬の格式が青綬に引き上げられたのは、まさにそうした理由によってのことであったと考えられる。

右から予想されるのは、後漢時代の綬制は官秩序列ではなく朝廷の席次、すなわち「朝位」に対応していたのではないかということである。このことを確かめるためには、後漢時代の朝位の構成についてもう少し知っておく必要がある。とりわけ朝位に大きな影響を与えた三公制については、それを出現させた時代背景のことと併せて、詳しくみておかなければならない。

三公制の確立

先ほど「三独坐」の朝位を示すにあたって、「紫綬を佩びる三公」「青綬の九卿」という言い方をした。これは、官秩序列について説明する際に、秩万石の諸官職を「三公」、秩二千石(のうち中央官府の長官)を「九卿」と言い換えたことをふまえたものである。そこでも触れたように、この「三公」とか「九卿」とかいう官職のくくりは、周の制度を意識してつくられたカテゴリーである。

漢の官僚制度は、戦国時代に諸国で徐々に形成された制度、直接的にはとくに秦の制度を下敷きにしていて、本来周の制度とは無縁のものである。もちろん、戦国諸国の制度のなかにも周代の記憶の痕跡は残っていたし、統一秦に至っても官僚制度を周の位階制度になぞらえる考え方はあったが、それはあくまでも習慣としてそうしていただけであって、別に周の制度の踏襲や再生が意図されていたわけではない。その点は漢の初期の制度においても同じだった。

ところが、武帝の頃から周の社会や政治を理想とする儒学が擡頭《たいとう》してくると、「周代の記憶」

によって体制を権威づけるため、「周の制度の踏襲や再生」を積極的に目指す人々が現れるようになった。といっても、長年の慣例を全部ひっくり返し、ゼロから新体制をうち立てるなどというのは、到底無理な話である。したがって、前漢後期に試みられた「周の制度の踏襲や再生」は、事実上、漢の制度を周の制度に読み替えるという方法によってなされた。ただし「読み替え」にもいろいろあって、漢の制度を周のものであるかのように装うために説明の方をこじつけることもあれば、漢の制度をねじ曲げて周の制度に近づけることも、ときにはその両方を併用することもあった。

こと「三公」についていえば、試みられたのは「両方を併用する」アプローチであった。具体的には、成帝の綏和《すいわ》元(前八)年、副丞相であった御史大夫(秩二千石)を「大司空」と改称したうえで、丞相(宰相)・大司馬(最高司令官)と同じ秩万石に引き上げ、これら三つの官職を周の制度になぞらえて「三公」と呼んだのが発端である。「三公」という名称は周の制度を意識したものであるが、戦国時代に生まれた官職である丞相が、周の三公に含まれるはずもない。大司空や大司馬も、そうした官職がかつて存在してはいたものの、それらが周代の三公に含まれていたとは、当時においても考えられてはいなかった。漢の三公制は、このような奇妙なかたちでスタートしたのである。このとき大司馬となったのが、外戚の王莽であった。

成帝が世を去り、新皇帝の哀帝《あい》(位前七~前一)が漢の伝統を復興させる政策をとると、三公制は建平《けんぺい》二(前五)年にいったん取り消され、王莽も失脚した。しかし、病弱だった哀帝は、回復しない自身の健康や災異・日食に不安を抱き、方針を転換して、元寿《げんじゅ》二(前一)年に王莽を呼び戻し、三公制も復活させた。哀帝のときの三公は、大司徒(丞相を改称)・大司馬・大司空であった。この直後に哀帝が崩じると、王莽が復権して再び大司馬となり、以後順調に力を伸ばして、やがて前漢を滅ぼすに至る。

そして、王莽が建てた新《しん》(王朝の名前。王莽がもと新都侯であったことから)が滅んだのち、太尉・司徒・司空からなる三公制を確立したのが、漢王朝を再興した光武帝である。この三公制が、周を模した漢の理想的官制として、後世に受け継がれた。といっても、「太尉」は武帝期まで用いられていた漢の最高司令官の名称なので、やはり周の三公であるはずがない。そのことからもうかがえる通り、漢の三公制は、官職の最高位を三人にするために「漢の制度をねじ曲げ」つつ、その内実については「説明の方をこじつけ」たものにほかならなかったのである。

では、これら三公や、事実上それとセットになっている九卿について、その朝位が綬制とどんな関係にあったのか、次に考えてみよう。

綬制と朝位

前漢末に三公制が導入されるより前、武帝期頃から「漢の制度を周の制度に読み替える」ことが増えてくると、漢制において最高位である秩万石の官職を周の「公」になぞらえて、その朝廷における席次をまとめて「位三公」と称することが次第に一般化した。これは秩万石に次ぐ秩二千石においても同じで、前漢後期には「位九卿」という表現が史料中にみえ始める。前漢末に三公制が確立されると、そうした傾向はいっそう顕著になった。

朝位は大まかには「位三公」「位九卿」とグループ名で呼ばれるが、それぞれのグループのなかには三公や九卿以外の官職も混在していたので、グループ内での相対的な位置を示す際には、「位三公の下」とか「位九卿の上」という表現がとられた。この場合の「下」「上」は、もちろん直接的には「三公の下」「九卿の上」ということなのだが、「位三公の下」といってもいきなり「位九卿」まで下がるわけではなく、「三公の下だが三公寄り（で、九卿まではいかない）」という意味である。「位九卿の上」の場合も同じで、「九卿の上だが九卿寄り（で、三公まではいかない）」であることを示す。だから、あくまでもイメージとしては、「位三公の上」も「位三公」も「位三公の下」も広い意味での「位三公」グループに属すと考えた方がすっきりする。要するに、「位三公の上」は「『位三公』グループのなかにおいて三公よりは上座」、「位三公の下」は「『位三公』グループのなかで三公よりは下座」なのだということだ。

「三独坐」が相当していたという「卿の上」もこれと同じ言い方で、「『位九卿』グループ内において九卿よりは上座」の意だ。とすると当然、「三独坐」は「位九卿」の一部だったことになる。

「三独坐」を構成する司隷校尉・御史中丞・尚書令は、いずれも官制上は「九卿」ではない(司隷校尉は秩二千石だが、首都圏を治めているとはいえ地方官で、むろん九卿にも含まれない)のに、朝位のグループは「位九卿」に属していたのである。その際、「三独坐」が秩二千石にされるのでも銀印を与えられるのでもなく、一律に青綬に揃えられることで「位九卿」として扱われたことは、朝位に反映された周の位階序列が、このときすでに官秩序列とも印制とも別の、独立した序列になっていたことを示唆している。それと同時に、青綬が官秩序列ではなく、「位九卿」という朝位や、さらにはその背景にある周の位階序列と結びつくものであったことも、ここから垣間見える。

では、「位三公」と綬制の関係はどうだろうか。「位三公」が紫綬と対応することは、三公が全て紫綬であったことからすぐわかるが、三公はともに金印でもあるので、一見すると、金印と「位三公」がイコールであるようにもみえる。そこで問題になるのが、金印とともに緑綬を所持していた相国の扱いである。

後漢時代に相国の地位に就いたのは、後漢末の董卓《とうたく》ただ一人である。董卓は相国にのぼったあと、すぐに太師《たいし》(位諸侯王の上)になってしまうので、後漢の相国の朝位に関する情報もほとんど残っていないのだが、参考になるのが、前漢末に同じ緑綬を与えられていた「宰衡《さいこう》」という地位である。これは平帝の元始四(四)年に王莽が任じられたもので、そのとき王莽の朝位は「位上公」

とされたという(『漢書』王莽伝)。董卓が相国となる際にも、その待遇が参照されたことだろう。この「上公」は、『周礼《しゅらい》』によれば、「公」のさらに上位の位階である。ということは、「位上公」は「位三公」とは異なる朝位であり、緑綬はそれを示すために与えられたのだとみられる。ところが、相国の公印は、三公と同じ金印なのである。つまり、金印は特定の朝位と結びついていたわけではなく、「位上公」と「位三公」を区別できたのは綬だけであった、ということになる。「位九卿」の御史中丞や尚書令の公印が銅印であったように、後漢時代の公印には朝位や周の位階序列を直接示す機能はなかった、と考えるのがよさそうだ。

黒綬と「位大夫」

「位三公」と紫綬、「位九卿」と青綬の関係については、ここまでの検討で明らかにすることができた。ならば、「位大夫」と黒綬についても、同じことが言えるだろうか。この点が確認されない限り、綬制と「公」「卿」のかかわりまでは認められるにしても、綬制が周の位階序列全体と一致すると断定するのは難しい。説明の方法はいくつかあるが、ここでは周の位階序列が当時の朝廷で果たしていた具体的な役割を併せて確認するために、年賀の儀式に焦点をあててみたい。漢代において、皇帝臨席のもと挙行される年賀の儀式は、あらゆる行事や儀式のなかでも最重要のものであったからだ。

『続漢書』礼儀志《れいぎし》によれば、夜間用の水時計が所定の時刻（およそ日の出の一時間半くらい前）を示すと、式場にしつらえられた鐘が鳴らされ、皇帝への年賀拝礼が始まる。その際、参集した臣下は、持参した手土産を差し出す。手土産といっても何でもよいわけではなく、三公や列侯は璧《へき》というドーナツ型の玉器、秩二千石は子羊、秩千石・秩六百石は雁《かり》、秩四百石以下は雉《きじ》と決まっていた。百官が正月を賀し、秩二千石以上の者は殿上にのぼって万歳を称する。そのあとは酒とスープと飯が出てきて、お約束通り「宴饗」すなわち大宴会になったという。

やっていることは正月の挨拶と新年会で、律儀に元旦に朝廷に集まって朝っぱらから酒をくらうところを除けば、現代の仕事始めとあまり変わらないような気もするが、問題はその社会的な位置づけである。前近代の中国において、君臣関係や師弟関係といった支配―服従の関係を取り結ぼうとするとき、服従する側である臣下や弟子は、手土産を持参す

玉璧（河北省文物考古研究院蔵）
前漢宣帝期の中山王劉修墓（河北省定州市）から出土したもの。

るルールだった。この手土産のことを「贄《し》」という（とくに師匠に入門する場合の手土産は「束《そく》脩《しゅう》」ともいい、今日の日本でも茶道や華道などの世界にはこの習慣が残っている）。と言うと、もともと臣下であったものが皇帝に「贄」すなわち服従の証を毎年差し出すのは変だと思われるかもしれないが、それは逆だ。皇帝と臣下の君臣関係は、いったん出来上がればいつまでも続くというのではなく、毎年の元旦に更新ないし再確認されるものだと認識されていたのである（渡辺信一郎『天空の玉座』一九九六）。

だから中国では、年の途中に即位した皇帝は、翌年の正月まで在位しないと正式な皇帝とみなされず、原則として改元することもできなかった。例えば、後漢末に外戚の何進《かしん》によって擁立された少《しょう》帝は、霊《れい》帝中平《ちゅうへい》六（一八九）年四月に即位したものの、同年の九月には董卓によって廃位されたので、元旦を超えて皇帝で居続けることができなかった。そのため、『後漢書』に少帝の本《ほん》紀《ぎ》は立てられておらず、少帝の年号も存在していない。ところが、順帝建康《けんこう》元（一四四）年の八月に即位した沖《ちゅう》帝は、翌年の永憙《えいき》元年正月にわずか数え三歳で崩じたが、その直前に皇帝として元旦を迎えていたことにより、『後漢書』には本紀が立てられ、独自の年号も残されている。両者の在位期間はほとんど変わらないのに、である。「贄」を差し出す行為（「委贄《いし》」という）の重要性は、これでおわかりいただけたはずだ。

委贄がこれだけ大事な儀礼である以上、そこで差し出される贄の格式も、もちろん大切だった。

後漢時代に通用していた理解によると、委贄はいにしえの周の時代から行われている習慣で、周の諸侯は各種の玉器を、卿は子羊を、大夫は雁を、士は雉を用いる定めであった(『周礼』)。先にみた後漢の年賀の儀式に出てきた贄が、玉器や羊や雁や雉だったのは、漢の制度が周の制度(といっても、周のとき実際に行われていたものではなく、漢代の人が理想化したかたち)を手本としていたからである。そこでも漢制の周制への読み替えが行われ、三公・列侯は周の諸侯、秩二千石は卿、秩千石・秩六百石は大夫、秩四百石〜二百石は士に相当する地位とされていたことが、贄の格式からうかがわれる。

では、委贄が完全に官秩序列に従ってなされていたのかというと、決してそうではなかった。後漢最後の皇帝献《けん》帝(位一八九〜二二〇)の時代の記録『献帝起居注《ききょちゅう》』は、献帝のときに制度が改まるまで、洛陽市長の贄は雁であったと伝えている。つまり洛陽市長は「位大夫」だったわけだが、この洛陽市長という官職名にお聞き覚えはないだろうか。先ほど後漢の印綬制度を整理した際、官秩序列と合わない綬を与えられた官職の例として挙げたもののひとつがこれだ。そこで紹介したように、洛陽市長の官秩は秩四百石であったが、その綬は黒綬であった。もし官秩が贄の格式を決める基準であるのなら、洛陽市長は「位元士」でしかないはずだから、その贄も雉でなければならない。にもかかわらず、洛陽市長が「位大夫」として遇されたのは、彼に特例として与えられていた黒綬が「位大夫」と対応していたからだと理解しなければ、この問題は解決できない。委贄儀礼における贄の格式は、実際には官秩ではなく、綬色と対応していたのである。

にもかかわらず、『続漢書』が官秩を贄の基準としているのは、この一節の根拠となった記録が、前漢末より以前のものであったからだと考えられる。実は、漢代には法律や規則をあらかじめ体系的に定め、法典として公布するシステムはまだ存在していなかった。当時の法律や規則は、その都度発せられる命令文を蓄積した、「命令集」のかたちをとっていたのである(宮宅潔「漢令の起源とその編纂」一九九五)。何かを新しく定める場合には、まず命令を出し、その命令の内容に手直しの必要が生じたら、そのための命令を改めて出して、古いものに付け加える。命令を受ける役所の側では、最初の命令を記した竹簡や木簡の束に、新しい命令の竹簡・木簡を結び足す。そうして最初の命令の内容は残されたまま、巻物がどんどん長くなっていくというしくみだ。これを聞いて、ああ、紙文書をファイルするのと同じやり方だなと思われたのではないだろうか。紐で結ぶだけで情報を累加《るいか》できる竹簡・木簡は、ファイリングに適した記録媒体なので、それが広く用いられていた時代には、法律とか規則も、記録媒体の特質に合った作られ方をしていたわけである。

この方式には、変更履歴を追いかけることができるという利点があるが、難点もある。制度全体のつくりを把握しようとする場合、まず文書の最初に返ってから、記載を順番に追いかけていかないといけないので、途中の状態だけを手軽に参照するということができないのだ。そのため、

「制度全体のつくりを把握しようとする」動機次第によっては、制度の原型を記した一番古いところだけを転写して済ませてしまうこともあった。『続漢書』の制度史に関する部分は、戦乱によって漢の体制が崩れたあと、三国を統一した晋が新秩序を立てるにあたり、漢代の制度を参考にする目的でに編まれたものだったので（渡邉義浩「司馬彪《しばひょう》の修史」二〇〇六）、歴史的な経過を網羅的に記載するようなことは目指されていなかった。そのため後漢時代のほかの記録と整合しない箇所がいくつもあるといわれており、事実『続漢書』の注には、本文の記述と異なる制度がたくさん引用されている。先ほどの『献帝起居注』の一節もそのひとつだ。こうした状況からみて、官秩序列に則して委贄儀礼を説明するこの部分も、恐らくは細部を端折《はしょ》った情報なのだろう。

赤綬と「位諸侯王」

ともかくも、洛陽市長の贄の格式から、黒綬と「位大夫」の関係を確認することができた。それを先ほどの議論と併せると、緑綬は「位上公」、紫綬は「位三公」、青綬は「位九卿」、黒綬は「位大夫」を示すものであった、ということになる。ならば黄綬も、「位元士」と対応すると考えるのが自然だ。後漢の綬制が周の位階序列を示していたことは、もはや疑いようがない。すると残るのは、緑綬のさらに上位にある赤綬とは一体何であったのか、という問題である。

八一ページの表にある通り、赤綬の所持者はいろいろだが、主となるのはもちろん諸侯王である。明帝《めい》(位五七～七五)の皇后であった馬《ば》皇后が、明帝の崩御に伴い皇太后となったとき、後宮の貴人たちに「王の赤綬」を賜ったという記事(『後漢書』馬皇后紀)は、赤綬が本来諸侯王のためのものとして認識されていたことを示している。

諸侯王の存在というのは、漢の制度を周の制度になぞらえようとするとき、一番のネックとなるものだ。公・卿・大夫・士からなる周の統治機構の頂点が「王」だったことは周知の通りで、儒学の経典に記された理想上の周の国家像においてもそれは同様だった。ところが、漢には戦国時代の王を模した諸侯王がいて、皇帝はさらにその上に君臨している。この点で、漢の体制は周と大いに異なっていた。

もっとも、諸侯王は呼び名こそ「王」だが、後漢時代の実態としては漢の諸侯にすぎなかったので、周の諸侯と同じように遇すれば、ある程度のことは解決できる。しかしその一方で、諸侯王は元をたどれば皇帝と同格の独立国の王であり、彼らが皇帝の朝廷において占める朝位を「位諸侯王」と称することも、前漢時代から長く定着していた。諸侯王は、やはり、列侯(周の一般的な諸侯にあたり、周の位階序列の上では原則として三公と同格)とは違うのである。

後漢時代の赤綬がこの「位諸侯王」に対応していたことは、後漢末に魏公となった曹操《そうそう》が、赤綬を与えられて「位諸侯王の上」に就いたことからわかる(『魏志』武帝紀)。このエピソードのポイントは、「位諸侯王の上」とされた曹操の爵位があくまで「魏公」であり「魏王」ではなかったことで、だからこそかえって赤綬と「位諸侯王」の関係が明瞭になる。赤綬の役割は、周には存在しなかった「位諸侯王」を表現し、「公―卿―大夫―士」序列のさらに上位にある身分として可視化することにあったわけだ。換言すると、もともと理想とされていたはずの周の位階序列の方が、後漢時代の実態に則して、「王―(上公―)公―卿―大夫―士」というかたちにつくり変えられていたのである。

詳細は省くが、赤綬は前漢末から特殊な礼遇を示すものとして用いられ始め、後漢時代に入ってからも、特例として下げ渡されることにより、徐々に対象を拡大していった。先ほどの馬皇后の例もその一例だ。諸侯王への赤綬賜与というのも、当初はそうした特別措置の一環だったのだろう。というのは、紫綬＝公との違いを示すだけでよければ、何も新しい綬を設定せずとも、前漢時代と同じ緑綬を転用するだけで済んだはずだからである(細かいことを言うと、後漢には位上公の太傅《たいふ》がしばしばおり、また匈奴単于《きょうどぜんう》の綬も緑綬だったので、それらとの区別をする必要があるといえばあったのだが、ややこしくなるのでここでは措く)。では、後漢王朝はなぜ、特別な綬として「赤」綬を用いたのか。別の言い方をするなら、新しく設けられる綬は、なぜ「赤」でなければならなかったのか。最後にこの点について考えておきたい。

赤綬と劉氏

理由については諸説あって断定しかねるものの、漢が建国以来赤を貴んでいたことは、比較的よく知られている。とくに、皇帝の使者が所持する「節《せつ》」(長い竹の棒の三か所に、ヤクの尾の毛のふさをつけたもの)の飾りが全て赤であったことは重要だ。節は単なる使者のしるしではなく、皇帝の分身であったからである(栗原朋信「文献にあらわれたる秦漢璽印の研究」一九六〇)。ところが前九一年、武帝の皇太子であった劉拠《りゅうきょ》(母は大将軍衛青《えいせい》の姉衛子夫《えいしふ》で、そのため衛太子《えいたいし》ともいう)が反乱を起こした際、皇帝側と皇太子側の節がいずれも赤で、敵味方の区別がつかなかったため、武帝は皇帝軍の節の上の飾りを黄色に改めた(『漢書』劉屈氂《りゅうくつり》伝)。このとき黄色が選ばれたのは、武帝の太初元年、漢が自らを土徳の王朝としたこと(序章参照)と関係するはずだ(黄色は土徳を象徴する色)。そして劉拠が敗死したのちも、漢ではこの「黄赤節」が用いられた。後漢の皇帝綬が黄赤綬であるのは、ひょっとするとこれにちなんだのかもしれない(黄赤綬は「黄色っぽい赤の綬」で、黄赤節は「黄と赤の飾りをもつ節」だから、一概には言えないが)。

一方、前漢の末期、王朝の徳の交替に関する新理論が現れると、漢王朝を火徳とする説が有力になった。赤綬が特殊な恩賞として用いられ始めるのは、まさにこの時期のことである。その後、漢を復興させた光武帝は、皇帝即位後まもない建武《けんぶ》二(二六)年、漢は火徳の王朝であると正式に宣言し、火徳を象徴する赤の重視を掲げた。漢の初期に赤が重んじられたことは、もともと火徳

山東嘉祥武氏祠画像石にみられる節
上は高祖の功臣王陵《おうりょう》の故事を描いた画像石の一部。一番右の人物（漢の使者）が持っているものが節だと考えられている。右は武氏祠東壁の一部で、やはり節を手にした使者を描いている（いずれも京都大学人文科学研究所蔵拓本）。

と何の関係もなかったのだが、後漢が漢火徳説の立場に立ったことで、漢は建国のはじめから火徳であったという後づけの説明も広まった。こうして、光武帝から次の明帝の頃にかけて、漢王朝と赤とが固く結びつくようになる。赤綬が綬制のうちに明確に位置づけられて諸侯王の綬となり、さらに赤綬の所持者が増加していくのはこの時期からだ。状況証拠しかないのが歯がゆいが、新しい綬の色として赤が選ばれた背景には漢火徳説があるとみるのが、もっとも自然な解釈ではある。

こうした経緯があったために、赤綬は早い段階から、漢王朝を担う皇帝や劉氏との血縁関係を暗示するアイテムとして機能していた。赤綬の所持者のうち、諸侯王はみな皇帝の一族の劉氏だし、長公主も皇帝の姉妹なので、むろん劉氏である（中国には同姓不婚の原則があり、劉氏の女性は皇后や貴人には決してなれないので、長公主は劉氏のなかでは女性の最高位にあたる）。当然、皇太子も赤綬であった(『続漢書』輿服志注)。

赤綬のこうした性格をふまえたとき、とりわけ興味深いのが、天子貴人の赤綬である。天子貴人に赤綬を与えるというのは、『続漢書』以外の諸史料をみると、後漢時代を通して行われた定制というわけではなかったらしい。そこで具体的な事例を詳しく検討していくと、皇帝の実母や傍系から即位した皇帝の元の義母など、「母」に対する賜与《しよ》だったことがわかる(阿部幸信「後漢時代の赤綬について」二〇〇四)。そのような措置がとられたのは、後漢時代の皇帝の多くが、先代の皇帝の皇后の子ではなかったからだ。先ほどみた明帝の馬皇后も、先帝皇后を皇太后とする原則によって皇太后にはなったが、明帝の跡を継いだ章《しょう》帝(位七五〜八八)の実母ではなかった。そのようなとき、皇太后が皇帝の実母の立場を慮《おもんぱか》って、あるいは皇帝が皇太后になれない実母を尊崇して、赤綬を与えていたのである。ということは、彼女たちの受けた赤綬もまた、皇帝との血縁関係に基づくものだったのだと理解できる。

ただし、赤綬をそのようなかたちで利用することに現実的な意味が見出されたのは、赤綬が単なる血縁関係の象徴にとどまるものではなく、朝位や周の位階序列と結びつく位階標識であったからにほかならない。皇帝の実母は、ただ実母であるというだけの理由では皇太后にも皇后にもすることができないが(この問題は後漢一代にわたって延々と議論され続け、最終的には例外も登場する)、赤綬を与えさえすれば、その身分を「位諸侯王」に引き上げられるのだ。綬という

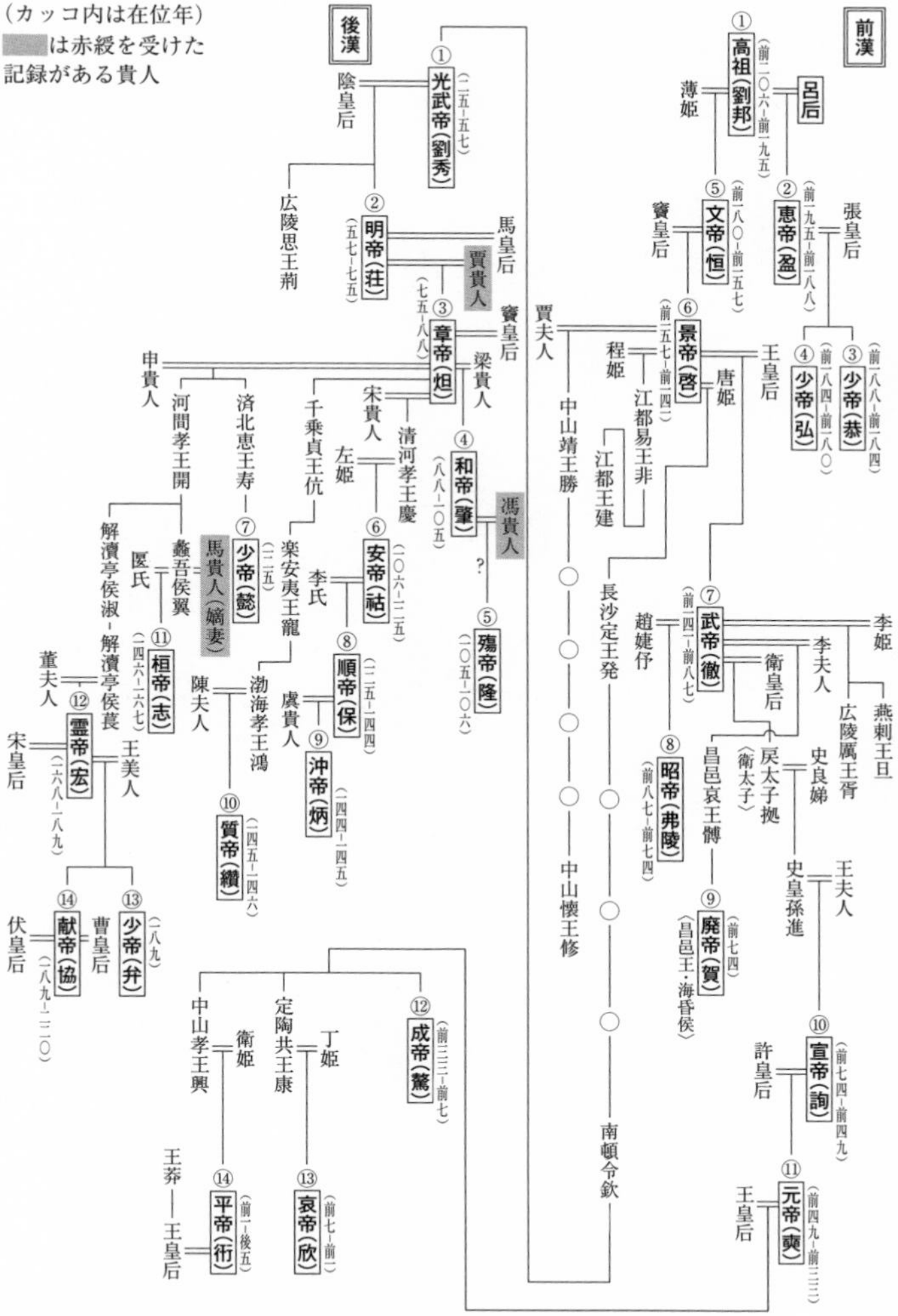
(カッコ内は在位年)
は赤綬を受けた記録がある貴人
前漢
①高祖(劉邦)(前二〇六―前一九五)
薄姫
呂后
⑤文帝(恒)(前一八〇―前一五七)
②恵帝(盈)(前一九五―前一八八)
張皇后
竇皇后
⑥景帝(啓)(前一五七―前一四一)
賈夫人
程姫
唐姫
王皇后
④少帝(弘)(前一八四―前一八〇)
③少帝(恭)(前一八八―前一八四)
中山靖王勝
江都易王非
江都王建
長沙定王発
⑦武帝(徹)(前一四一―前八七)
趙婕伃
李夫人
衛皇后
李姫
広陵厲王胥
燕刺王旦
⑧昭帝(弗陵)(前八七―前七四)
昌邑哀王髆
戻太子拠〈衛太子〉
史良娣
史皇孫進
王夫人
⑨廃帝(賀)(前七四)〈昌邑王・海昏侯〉
⑩宣帝(詢)(前七四―前四九)
許皇后
⑪元帝(奭)(前四九―前三三)
王皇后
中山懐王脩
南頓令欽
⑫成帝(鷔)(前三三―前七)
定陶共王康
丁姫
中山孝王興
衛姫
⑬哀帝(欣)(前七―前一)
⑭平帝(衎)(前一―後五)
王莽
王皇后
後漢
①光武帝(劉秀)(二五―五七)
陰皇后
広陵思王荊
②明帝(荘)(五七―七五)
馬皇后
賈貴人
③章帝(炟)(七五―八八)
竇皇后
梁貴人
申貴人
宋貴人
河間孝王開
済北恵王寿
千乗貞王伉
清河孝王慶
左姫
④和帝(肇)(八八―一〇五)
鄧貴人
⑤殤帝(隆)(一〇五―一〇六)
⑥安帝(祜)(一〇六―一二五)
李氏
⑦少帝(懿)(一二五)
楽安夷王寵
渤海孝王鴻
陳夫人
⑧順帝(保)(一二五―一四四)
虞貴人
⑨沖帝(炳)(一四四―一四五)
⑩質帝(纘)(一四五―一四六)
蠡吾侯翼
馬貴人(嫡妻)
匽氏
解瀆亭侯淑―解瀆亭侯萇
⑪桓帝(志)(一四六―一六七)
董夫人
⑫霊帝(宏)(一六八―一八九)
宋皇后
王美人
⑭献帝(協)(一八九―二二〇)
伏皇后
曹皇后
⑬少帝(弁)(一八九)

前漢・後漢皇帝系図

位階標識の担っていた役割の重要性が、ここからもわかるだろう。

このように、赤綬は「位諸侯王」の標識であるだけでなく、皇帝との関係を表現するものでもあったから、そのつくりにも面白い特徴があった。ここで改めて、一六ページの表をご覧いただきたい。とくに注目してほしいのは、皇帝の黄赤綬と諸侯王の赤綬との類似性だ。黄赤綬は地色になる圭が黄、赤綬は赤という違いはあるが、綬を織り上げる際に用いられる色の組み合わせは完全に重なる(黄・赤・縹《はなだ》・紺)。赤綬を除けば、皇帝綬とこのような共通性をもつ綬は存在しない。この点もまた、皇帝と赤綬の所持者の親近性を示していると考えられる。

後漢時代には、血縁関係を重視する儒学の教えにより、親族を大切にする(「親を親しむ」)という「親親主義」の方針がとられた(東晋次『後漢時代の政治と社会』一九九五)。周の位階序列の一部を表現しながらも、同時に血縁関係をも示す赤綬が新たに設定されたところに、後漢時代における儒学の社会的影響力をうかがうことができる。

綬制と周の位階序列

本章の話題は非常に多岐にわたったので、すんなりとわからない部分もあったかもしれないが、結論は比較的単純である。

印制を構成する主要な要素は、印材(白玉・金・銀・銅)と印の呼称(璽・印)、それに鈕形(螭虎鈕・亀鈕・鼻鈕)である。印の呼称のうち、璽には白玉璽と金璽があり、印材の区別とは完全に対応していない。一方で鈕形は、白玉璽と螭虎鈕、金璽・金印・銀印と亀鈕、銅印と鼻鈕がそれぞれ重なる。したがって、印制について議論しようとする場合、鈕形のことは基本的に問題にしなくてよいことになる。印制は、前漢・後漢を問わず官秩序列に沿うかたちで大枠が設計されており、秩万石は金印、秩二千石は銀印、秩千石以下は銅印で、この序列の上に諸侯の公印の序列が重ね合わされていた。諸侯の公印のうち、諸侯王の公印の格式は時期によって揺れ動いており、前漢武帝期以降は金印、後漢では金璽であった。これに対し、列侯は漢代を通して金印である。そして印制全体の頂点には、皇帝の白玉璽があった。

綬制は色の序列が主である。前漢時代の綬制は官秩序列と一致し、印制が表現しきれない微妙な差異を表していた。具体的には、秩万石と列侯が紫綬、秩二千石が青綬、秩千石~六百石が黒綬、秩五百石~二百石が黄綬であり、それらの上に別格のものとして、諸侯王と相国の緑綬があった。ところが後漢になると、綬制は「王―(上公―)公―卿―大夫―士」という周の位階序列を表現するものへと変化した。綬色と周制の対応関係は、赤綬が「位諸侯王」、緑綬が「位上公」、紫綬が「位三公」、青綬が「位九卿」、黒綬が「位大夫」、黄綬が「位元士」というかたちになっていた。後漢時代の周の位階序列は官秩序列と一致していなかったため、ときには銅印・青綬というような、前漢時代にはあり得なかった組み合わせも出現した。

右をさらに一言でまとめるならば、「後漢の綬制は周の位階序列を示しており、それは印制と重なる官秩序列とは別の序列であった」というのが、本章の最大の要点になる。しかし、官秩序列と周の位階序列のずれは見た目の上においてはわずかなので、「大局的にみれば両者はやはり近いのだから、綬制の細かい話をすることにどんな意味があるのか」と訝《いぶか》る方も、きっとおられることだろう。ここでもう一度考えていただきたいのは、官秩序列と周の位階序列のずれが大きいか小さいかといった「程度」のことではなく、そのずれによって何が起こっていたのかという「中身」のことだ。後漢時代の人々が印綬制度のうちに込めた意図が、そこに隠されているからである。

後漢の綬制が周の位階序列に一致させられたのは、儒学の勢威が高まっていた当時、漢の制度を周の制度になぞらえることが、体制を権威づけるうえで重要だと考えられていたからだ。しかし、漢が自らの制度を周の制度に沿って完全につくり変えたのなら、そもそも官秩序列と周の位階序列がずれるはずがない。漢が周の制度をまねたのは、あくまでも「表向き」のことであった。

では、後漢王朝は、実際には何をしていたのか。綬制に即して言えばこうだ。後漢王朝は、「三独坐」や洛陽市長など特定の官職を優遇するために、彼らに特別な綬を与えて、その周制身分を引き上げた。このうち洛陽市長については、都をほかの地方よりも上位に扱う周の時代の制度（とされていたもの）に合わせるための措置だから、「漢が周の制度をまね」る性格が強いが、「三独坐」

は違う。「三独坐」が朝廷で高い席次を占めたのは、もっぱら後漢時代の統治機構内部における実権の高さによるのであって、だから儒学の経典のどこをひっくり返しても、「三独坐」やそれに相当する存在は見つからない。ところが、周の制度をまねたものでないにもかかわらず、引き上げられたのは彼らの周制身分だけで、官秩はそのままであった。言い換えると、官秩序列を周の位階序列と一致させることも、漢初以来受け継がれてきた個々の官職の官秩を動かすこともせず、ただ周の位階序列だけを利用して、「三独坐」の地位を高めたということになる。この場合、周の位階序列は、漢の制度を維持するための方便とされたにすぎない。つまり、「三独坐」が大きな権力をもつという現実の状況への対処のために、周の制度を名目的に利用することで、漢の伝統的な制度――御史中丞・尚書令の官秩――を変えずに済ませたのである。そのために、御史中丞や尚書令の印綬は、銅印と青綬の組み合わせになったのだ。

「位諸侯王」に対応する赤綬の新設にも、似たような性格がある。後漢王朝は、諸侯王など周代にはいなかったからとその存在をなくす(実際、光武帝の一時期、そうした方向に向かったこともあった)代わりに、周の位階序列の方をもっともらしくつくり変え、赤綬によってそれを制度のうちに固定してしまった。あまつさえ、その赤綬を利用して儒学の親親主義を強調し、皇帝の実母を持ち上げることまでしていたのだから、彼らもなかなかやるものだ。後漢王朝は、周の制度に合わせるために漢の制度をただ一方的に変えていたのではなく、ときには漢の制度を守ったり、現実の問題を解決するために、周の制度を都合よく使ったのである。

こうした事態が生じたのは、後漢の人々にとって、漢の伝統的な制度も、周の理想的な制度も、ともに大切だったからだ。彼らの感覚においては、周の位階序列だけが全てではなかったが、官秩序列だけが絶対だったわけでもない。両者のバランスをうまくとりながら、いまそこにある問題が解決できさえすれば、それでよかったのである。なのに、「官秩序列と周の位階序列の違いなどわずかなのだから、漢の制度である官秩序列だけ考えていればよい」と言ってしまったら、「漢の伝統的な制度」と「周の理想的な制度」を巧みに両立させながら、工夫を重ねつつ統治機構を動かしていた後漢王朝というものの特質を、すっかり見落とすことになる。世間はもちろん、学界においても、後漢がしばしば前漢の添え物のように扱われてしまうのは、そのような決めつけの態度が、わたしたちの心のどこかにあるからなのではないだろうか。

そうした誤解に陥る危険を回避するために、次章では、印制(＝官秩序列)と綬制(＝周の位階序列)の区別にこだわりながら、前漢末から後漢時代にかけての漢の統治機構のかたちを、改めて見直してみたい。

コラム3 『後漢書』と『東観漢記』『続漢書』

後漢時代の歴史を記録した歴史書といえば、南朝宋の范曄《はんよう》が著した『後漢書』が有名である。今日では正史のひとつとされ、後漢時代のことを研究する際には真っ先に参照されるが、この『後漢書』にはいくつかの問題点もある。

第一に、『後漢書』の成立は、後漢が滅亡してから二〇〇年もあとのことだ。記録というのは難しいもので、同時代の記録なら正確とも言い切れないが、時代が遠くなれば遠くなるほど材料は失われ、誤解も入りやすくなる。よって、一般論としては、成立年代が近いものの方がより信頼される。その点で、後漢時代に宮中の東観《とうかん》というところで段階的にまとめられた『東観漢記』は重要である。これは後漢王朝自身が編纂《へんさん》させていた公的な記録であったが、唐代に范曄の『後漢書』に取って代わられ、すっかり廃れてしまった。いまでは、かろうじて散逸を免れたわずかな部分や、ほかの書物に引用された断片的な文章を参照できるにすぎない。『東観漢記』以外にも、魏晋期にはいくつもの後漢の歴史書の編纂が試みられていたが(主立ったものを「七家《しちか》後漢書」という)、これらも范曄の『後漢書』に押されて滅んだ。

范曄の『後漢書』がほかを圧倒した理由こそが、第二の問題である。六朝《りくちょう》から唐の時代にかけては、対句《ついく》や字句・音の配置にこだわった駢文《べんぶん》が流行しており、范曄はその技法を駆使して『後漢書』

を編《あ》み、それが流行の理由となったが、「対句や字句・音の配置」が優先されたために、原文のかたちや意味が損なわれたことは否定できない。『後漢書』の記述はその点においても取り扱いが難しく、研究者を悩ませている。もし可能であれば、『東観漢記』と比較対照することが望ましい。

第三は、『後漢書』には諸制度についてまとめた「志《し》」の部分が欠落していたことである。紀伝《きでん》体の歴史書は本紀と列伝を中心として編まれるが、多くの正史には志が付され(『史記』においては「書」)、その時代の制度の沿革を辿ることができる。現在『後漢書』の志とされているものは、もともと西晋の司馬彪が書いた『続漢書』(七家後漢書のひとつ)のもので、北宋のとき范曄の『後漢書』とセットにされた。したがって、現行の『後漢書』の志を引用する際には、書名を『続漢書』と表記するのが本式である。本書ではそのルールに則り『続漢書』表記を採用したが、出典にあたりたい方は、『後漢書』の志をご覧いただければ問題ない。

『続漢書』は成立年代が『後漢書』より一〇〇年ほど古いので、信頼性も相対的に高いと考えられるが、志の部分については編纂時に特別な意図が働いていたらしく、制度の記載に著しい精粗《せいそ》がある。例えば、綬の制度については異様に詳しい代わりに、公印の制度は完全に欠落している、といった具合である。本書が後漢の印綬制度を復元するために『東観漢記』をしばしば引用することには、こうした理由もある。

第三章　印綬と前漢末〜後漢の統治機構

県長・侯国相の黒綬

前章では後漢時代の綬制と周の位階序列との関係について詳しく扱ったが、実はそこで踏み込んでいなかったことがある。秩四百石・秩三百石であった県長と列侯国の相の綬が黒綬とされた理由がそれだ。

同じく秩四百石だが黒綬とされた洛陽市長は、都にいて毎年の年賀拝礼に参加していたので、それが「位大夫」として遇されることに、わかりやすい結果——贄として雁を捧げる——が伴っていた。一方、県長や列侯国の相は地方の官府にいる役人だから、それが「位大夫」として遇されると何が起こるのか、簡単には説明できない。しかし、そうすることに何の意味もないのなら、わざわざ彼らの綬を黒綬にはしないだろう。本章では、この問題に焦点を当ててみたい。

おさらいしておくと、県長とは、郡の下位の行政単位にあたる県のうち、戸数一万戸未満の県(小県)に置かれる長官のことである。一万戸以上の県(大県)の長官は「県令」と呼ばれ、官秩は秩千石か秩六百石だった(成帝陽朔二年の秩八百石・秩五百石廃止後)。一方、県長の官秩は秩四百石または秩三百石だから、同じ県の長官でも、官秩序列上の地位は県令よりもずっと低い。

また、郡県制と封建制を併用した漢では、県に相当する諸侯国として列侯国が存在した。列侯国を実際に治めるのは列侯ではなく、中央政府から派遣された列侯国の相(侯国相。当時は「侯相《こうしょう》」といった)である。侯国相の官秩は県の長官と同格なので、戸数の多い侯国を受け持つ秩千石・秩六百石の相もいれば、秩四百石・秩三百石の小侯国の相もいた。しかし、侯国相には県令とか県長に相当するような官秩の高下に応じた官名の区別がなかったから、大きな侯国の相と小さな侯国の相を呼び分けるには、「秩××石の侯国相」と言うしかない。それに従えば、県長に相当する侯国相は「秩四百石・秩三百石の侯国相」になるのだが、毎回こんな言い方をするのはわずらわしいので、以下では県長と合わせて「長相」と呼ぶことにしよう。実のところ、漢代の人にとってもこの点は悩みの種であったようで、県長と小侯国の相を「長相」とセットにする略し方は、漢代にもすでに存在していた。

さて、右の話からもわかる通り、長相というのは地方の、しかもそれほど高い地位にあるとは言えない官職だった。ところが、後漢時代の統治機構の構造を考えるとき、もっとも重要な鍵になるのが、この長相の黒綬なのだ。と同時に、前章では後漢時代のこととして説明してきた「官秩序列と周の位階序列のずれ」が、実は前漢末に始まっており、そのときすでに後漢の統治機構の基本が定まっていたことも、長相の黒綬をみてはじめてわかるのである。まずはこれらの点を明らかにするところから始めよう。

綏和元年の地方行政改革

長相が黒綬になったのは、前漢末、成帝綏和元(前八)年のことである。

本書のなかで綏和元年のできごとについて触れるのは、これが二度目だ。前章において、三公制の確立過程について紹介したのを覚えておられるだろうか。御史大夫を大司空と改称して秩万石にし、丞相・大司空・大司馬を三公としたのが、まさにこの綏和元年のことだった。官僚機構の最上位にある特別な地位を「公」とか「三公」と称する習慣はこれ以前からあったが、周の制度を意識して三公制に実体を与えようとしたのは、このときが最初である。

綏和元年には多くの改革が実施されたが、三公制を除くと、ほかは地方行政制度にかかわるものが目立つ。そのひとつは、州(地方行政の監察区として、複数の郡にまたがって置かれていたもの)に対して中央から派遣される監察官の名称を「刺史《しし》」から「州牧《しゅうぼく》」に改め、官秩を秩二千石に引き上げたことである。漢の地方監察の制度はもともと、武帝が身近にいるスタッフに命じて地方を巡視させたことに始まる。「身近にいるスタッフ」といっても、高位高官にある者をむやみやたらと長期出張はさせられないから、刺史は秩六百石ということに決められていた。その結果として生じていたのが、秩六百石の刺史が自身よりも官秩の高い秩二千石の郡太守を監察するという、尊卑の逆転現象だ。現代風に言えば、本社の若い監査役が、キャリアを積んだ地方の支店長の仕事ぶりをチェックするようなイメージである。ところが、はじめは皇帝から特命を受けて地方を巡回するだけだった刺史が、時代が移り変わるにつれ、中央の意向を受けつつ郡をまたいだ広域的な課題に対処する立場として、地方に常駐するようになった(この現象を、監察区域にすぎなかった州が行政単位化したという意味で、「州の実体化」と言うことがある)。こうなると、刺史の官秩が六百石というのはちょっと低すぎるのでは、という声が出てくることになる。そこでこの年、周代に地方長官として存在していたとされる「州牧」の名称を刺史に与えて箔を付けつつ、その官秩を郡太守並みに引き上げる措置がとられたのだった。

地方行政制度にかかわる改革の二番目は、諸侯王国独自の官職として残存していた王国内史《ないし》(秩二千石)の廃止である。本来の内史は、都の一帯を治める長官として、漢にも諸侯王国にも等しく置かれていた官職だった。武帝期に漢が諸侯王を国内諸侯化し、漢と王国の制度が区別されていく過程で、漢の首都圏(都のある地方すなわち「王畿《おうき》」の範囲内なので「畿内《きない》」という)の統治制度は諸侯王国と異なるかたちに整備されたが、王国の内史はそのまま残存し、王国内の裁判や軍事を司った。諸侯王国にはもともと、王に代わって内政をとりまとめる相が置かれていたが、内史の力は大きく、相の権限を冒しがちだった。そこで内史を廃止して、王国の行政のトップが相であることをはっきりさせ、王国相と郡太守の地位・役割を事実上同等にしたのがこの改革である。逆に言うと、武帝期に諸侯王が国内諸侯にされて以降も、綏和元年に至るまで、諸侯王国内の行政制度は郡と異なっていたわけだ。諸侯王国の独自性をすっかり解消するには、非常に長い時間がかかったことがわかるだろう。

綬制改革

そして、綏和元年に行われた地方行政にかかわる改革の三つ目こそが、長相の黒綬化である。三公制や「州牧」という官名からもうかがえる通り、綏和元年の諸改革では、漢の制度を周の制度になぞらえる傾向が顕著だった。その際、三公制や州牧制においては、大司空は丞相・大司馬と同格の秩万石へ、州牧は郡太守と並ぶ秩二千石へというふうに、周の制度を意識した官秩の引き上げも同時になされていた。これらは、周制身分と連動するように官秩も上昇させる措置であったと理解される。

ところが、これまで再三繰り返してきたように、長相の場合は官秩が据え置かれ、綬だけが黄綬から黒綬へと改められていた。結果、綬制すなわち周の位階序列が官秩序列から逸脱するという、以前にはみられなかった現象が起こったのである。この点において長相の黒綬化は、ほかの改革とは異なる、突出した性格をもっている。しかも、官秩序列と綬制の齟齬《そご》は長相のみにとどまらず、御史中丞や尚書令・洛陽市長にまで及ぶようになり、それがやがて後漢時代の印綬制度の一特徴となったことは、前章ですでに説明した通りである。

綏和元年の三つの地方行政改革のうち、周制の色彩が濃厚な三公制・州牧制と長相の黒綬化は、哀帝の建平二(前五)年にいったん撤回された。皇帝の代替わりに伴い反対派の巻き返しが起こって、方針が変わったからだ。その後、哀帝元寿二(前一)年に再度実施の運びとなり、王莽の時代(執政期は前一～後八、皇帝としては位八～二三)を経て、後漢に継承される。ほどなくして、光武帝の建武一八(四二)年、州牧の名称と官秩だけは旧制に戻されたが、三公制と長相の黒綬はそのまま残存した。つまり、前漢末に成立した制度を、後漢が引き継いで定着させたのである。

このようにほかの改革とまとめて説明すると、一応それらしく聞こえはするのだが、とはいえ長相の黒綬化というのは、三公制や州牧制に比べると何とも地味だ。『漢書』百官公卿表の原文は、「綏和元年、長相皆墨綬(綏和元年、長・相 皆な墨綬)」と、たったの九文字。しかも、単にこれだけをみれば、県令・県長・侯国相が全部黒綬になったというだけの話なので、「県の令長と列侯国の相……の差別待遇を、特に印綬に関し、撤廃したもの」(藤岡喜久男「前漢の監察制度に関する一考察」一九五七)という理解が一般的だった。もちろん、長相の黒綬化によって起こったことの全体的説明としてはこういうことになるのだが、ここで問題にしたいのはその理由だ。そもそもなぜ、「差別待遇を、特に印綬に関し、撤廃し」なければならなかったのだろう。

黒綬と「有罪先請」

長相が黒綬となった背景を探るうえで、一番わかりやすい糸口になるのは、黒綬を佩びるようになった長相の処遇を直接述べた記録である。黒綬を所持していた結果として長相がどういう扱いを受けていたかがわかれば、なぜ彼らを黒綬にする必要があったのかもみえてくるはずだからだ。

何か知りたいことがあっても、それを直接記した史料がなくて苦しむのは古代史研究の常なのだが、黒綬の長相の扱いについては、あの光武帝が、ありがたいヒントを残してくれている。それは建武三(二七)年に出された詔のなかにある。

六百石未満の役人のうち、黒綬の長相までの者に罪過があるときは、まず上申せよ。

少し言葉を補ってわかりやすく言うと、秩六百石以上の役人はもちろんのこと、秩六百石より官秩は下だが黒綬を佩びている県長・侯国相についても、罪ありとなった場合にはいきなり逮捕・収監せず、事前に皇帝に報告して許可を取りなさい、という意味である。「罪過があるときは、まず上申せよ」という部分について、原文の表記は「有罪先請(罪有れば先請せよ)」なので、以下ではこの措置を「有罪先請」と呼ぶ。

ここからもうかがえるように、漢代の高級官僚には、むやみに収監されないという特権があった。儒学の経典『礼記』に「礼は庶人《しょじん》に下らず。刑は大夫に上らず」とある通り、刑は庶民をコントロールするためのもので、大夫のようなひとかどの地位のある者なら礼（社会規範やそれにかなった行動規範）によって自らを律するべきだというのが、儒学あるいは当時の社会の基本的な考え方だった。もちろん漢代の実態としては、高官が獄に下されることもあったし、民衆に対して親孝行や目上の尊重といった規範的行動が求められることもあったのだが（後述）、あくまでも建前としては、社会的地位のある者が獄中で厳しい取り調べを受けるなどということがあってはならない、とされていた。

「有罪先請」はその理念を制度化したもの（宮宅潔「漢代奏讞《そうげん》考」一九九六）だが、「罪過があるときは、まず上申」される、つまりすぐには捕まらないというだけで、決して見逃してもらえるわけではないから、特権といってもそんなにおいしい話ではない。それどころか、皇帝が逮捕・収監を妥当と認めようものなら、大夫たるもの、拘束される前に自らけじめをつける（＝自殺する）ものだという暗黙の了解が、この制度の前提にはあるのである。捕り手がやってきただけで自殺する官僚が『史記』や『漢書』にたびたび登場するのはこのためだ。「礼によって自らを律する」とは、つまりそういうことである。

その「有罪先請」の対象の下限は、前漢後期には秩六百石とされていた。宣帝が黄龍《こうりょう》元（前四九）

年に出した詔にこうある。

秩六百石の役人といえば、その位は大夫で、罪過があるときはまず上申される。

この一節は、漢代に秩六百石が「位大夫」とみなされていたことの証として、あるいは「有罪先請」が周代の「大夫」と結びつけられた特権であることを示す例として、古くからしばしば取り上げられてきた有名なものだ。ところが、先ほどの光武帝の詔によると、後漢のはじめにおいて「有罪先請」の下限は秩六百石ではなく、黒綬の長相だったのだという。

このような違いが生まれるのは、言うまでもなく、二つの詔のあいだに綏和元年の綬制改革がはさまっているからにほかならない。綏和元年までは、黒綬すなわち「位大夫」の範囲が官秩序列と一致していたために、「有罪先請」は秩六百石の特権だと説明することができた。ところが、綏和元年に長相が黒綬をもつようになったことで、秩六百石に満たない長相も「位大夫」になり、それと連動して、「有罪先請」の対象も長相にまで拡大したのである。要するに、長相は黒綬化により「差別待遇を、特に印綬に関し、撤廃」されただけではなく、「位大夫」に見合った身分的特権をも享受するようになっていたのだ。

黒綬と人事制度

先ほどの宣帝の詔には、さらに興味深い続きがある。

〔秩六百石の役人の〕秩禄は、上位へと連なっている。〔こうした処遇を受ける秩六百石が〕すぐれた人材であることは、もう十分に明らかだ。よって今後、秩六百石の者を推挙《すいきょ》してはならない。

ここでいう「推挙」とは、当時の人事制度のことを指している。これを手がかりにすれば、「位大夫」になることにどういう意味があったか、さらに詳しく知ることができる。

もともと漢代の役人は、こつこつと出仕して無難に業務をこなしていれば、勤務日数が功労に換算されて、だんだんと昇進できた。そうでなければまじめに働く者はいなくなってしまうから、まあこれはわかる。もちろん、賊を討つなどの特別な功績があれば出世は早くなるが、基本的にはきちんと勤め続けることが大切だった。しかし、昇進の手段がこれしかなかったら、高位高官は年寄りばかりになってしまうはずだ。ところがそうならなかったのには、実は裏がある。多くの役人たちが日々の仕事に精を出し、一歩ずつ地道に昇進するものであったのに対し、重要な官職は、高祖劉邦の功臣やその子孫が独占してしまっていたのだ。さすがにこれには批判もあって、優秀な人材を発掘しようと、長官層に見どころがある部下を推薦させ、被推薦者の昇進を早める制度も導入されてはいたが、はじめのうちはそれほど有効に機能していなかった。

ところが武帝の時代、漢が諸侯王国を併呑《へいどん》し、さらには対外戦争によって近隣の地域を征服すると、版図《はんと》の大幅な拡大に伴い、地方の長官層を任せられる人材を大量に、しかも継続的に確保しなければならなくなった。といっても、民生を安定させ治安を守る地方長官は、誰がなっても務まるものではない。そのため、上役による人物保証がついた人材を、定期的かつ確実に集めることが重視された。そんなわけで、武帝期以降になると推薦制度の果たす役割がだんだん大きくなり、それに伴って細則の整備も進められた。その一方で、高祖の功臣の子孫たちの存在感は小さくなっていった。

先ほどの宣帝の詔は、そうした「細則の整備」のなかでもとくに重要なもので、秩六百石が特別な地位であることを確認し、被推薦対象から秩六百石を除外した命令だと解釈されている。すでにある程度の地位にある者を推薦されても、新規の人材確保にはつながらないのだから、宣帝がこう言いたくなるのは理解できる。そしてさらに、この詔によって秩六百石とそれ以下の地位の違いが明確化されたことをきっかけとして、秩六百石以上の地位への昇進にあたっては、上位者の推薦を受けることが必須の条件とされるようにもなっていった。漢代の官吏登用制度を幅広く研究した福井重雅は、この詔において秩六百石が「位大夫」と言われていることに注目して、これ以降の推薦制度は「『士』を『大夫』とする」ものになったと説明する(福井重雅『漢代官吏登用制度の研究』一九八八)。そうしたしくみができた結果、単に功労を積むだけでは「大夫」にはなれなくなったが、推薦を受けて「士」から「大夫」になることさえできれば、もうその「秩禄は、上位へと連なっている」、つまり高級官僚の仲間入りをしているわけだから、あとは本人の努力と運次第で、「卿」や「公」に取り立てられることも夢ではなかった。逆に言えば、たとえ「大夫」になっても、その先まじめに務めなければ出世はできないのだから、功労の意味がなくなってしまったわけではもちろんない。それを日々こつこつ働く人が報いられる制度とみるか、在職年数重視の悪しき年功序列とみるかは人によるだろうが、出身だけで全部が決まってしまう制度とは明らかに違う。

ただし、宣帝の詔ひとつでこのようなしくみがすぐに出来上がったのかというと、そういうわけでもなかったらしい。宣帝の詔のあとも、数十年のあいだは、秩六百石未満の者が推薦なしで秩六百石に昇進することがときどきあったようだ(紙屋正和「前漢時代における県の長吏の任用形態の変遷について」一九八六)。しかし綏和元年を過ぎると、文献上そうした例はみえなくなる。ところがその一方で、県長(=秩四百石または秩三百石)が推薦を経ずに秩六百石の県令に昇進した例は、綏和元年以降も存在する。そのため、福井の言う「『士』を『大夫』とする」制度そのものが存在しなかったのではないか、と疑われたこともあった。しかし、本当にそうなのだろうか。

「有罪先請」の例からわかる通り、綏和元年の綬制改革によって、長相は黒綬を佩びる「大夫」となった。ということは、宣帝の詔の趣旨に照らせば、綏和元年以降、長相になるためには原則として推薦が必要になったはずである。言葉を換えると、綏和元年以降の長相は、推薦を受けたうえで「大夫」になっているのだから、そのあとは推薦なしで昇進可能だったはずだ。だから当然、長相が県令に遷《うつ》る場合にも、推薦は必要ない。すでに黒綬を佩びている「大夫」が、同じ黒綬の官職に就くだけだからである。それどころか、もし「大夫」である黒綬の長相を推薦しようものなら、「すぐれた人材であることは、もう十分に明らか」な者を推薦したことになるから、宣帝の詔で示された禁止事項に抵触する。このことは、綏和元年以前と以後とで黒綬の範囲が異なることに注目すればすぐわかる簡単な理屈なのだが、秩六百石という官秩の方を「大夫」の基準だと思い込んでいると、それをうっかり見逃してしまうのだ。結論として、綏和元年以降の推薦制度は、「『士』を『大夫』とする」制度だと理解して誤りはない。

ここまでの話を総合すると、綏和元年に長相が黒綬化されたことによって、長相は公的に「大夫」とみなされ、その結果、推薦なしに長相になることもできなくなったということになる。しかしそもそも、なぜそのような措置がとられたのだろう。

「『士』を『大夫』とする」推薦制度をつくることだけが目的なら、何も長相を黒綬にする必要はない。長相から秩六百石になるときに推薦をするのだって、別に支障はないからだ。実際、宣帝の黄龍元年から綏和元年までは、そのような制度の運用がなされていたくらいである。それをわざわざ改めて、長相を「大夫」と位置づけたことには、推薦制度とは別の、何らかの理由があったに違いない。ではその「理由」とは、いったい何だったのか。その点を探るために、推薦を受けた者を実際に黒綬の官職に就けるための、任官の制度についてみてみよう。

黒綬と任官制度

前漢後期の制度によると、秩六百石以上の官職の最終選考は、尚書令に率いられた尚書が担当した(『漢旧儀』)。選考の際には、地方から集められた推薦情報などが参照され、誰をどの官職に就けるかが決まると、結果が皇帝に報告された。つまり、秩六百石以上の人事の責任は、少なくとも建前上、皇帝自身に帰していたわけだ。換言すれば、秩六百石以上の者たちは、その選任の過程において、まさに皇帝の信任を受けていたことになる。

秩六百石はそうした身分なので、その任命の儀式も、都の朝廷において行われた。第一章で触れた通り、任命の儀式の中心となるのは、印綬の授受である。印綬を手交する係は、任命される地位の違いに応じて異なっており、秩二千石を任命する際には御史中丞が、秩千石・秩六百石の場合は御史中丞立ち会いのもと、その部下の侍御史が印綬を授けた(『漢旧儀』)。のちに「三独坐」

を構成することになる尚書令や御史中丞が、高級官僚の選考・任命のプロセスに顔を出すところからも、これらの地位の重要さがうかがえる。

さらに、綏和元年に官秩序列と綬制がずれるようになると、かつて秩六百石を下限とされていた皇帝による選任・任命も、黒綬の層にまで拡大した。その結果、後漢時代には、「いま、黒綬の官職はいにしえの諸侯と同じく、その地位を朝廷において受ける」と言われるようになった（『後漢書』左雄《さゆう》伝）。つまり、綏和元年以降の黒綬の官職は、みな皇帝の信任を受けた「皇帝直参《じきさん》の臣下」だったのだ。これを長相に即して言うと、綏和元年の長相の黒綬化によって、長相はすべからく皇帝の直臣《じきしん》——君主の直接の臣下を直参とか直臣とか称する習慣は中国にはないが、日本風にわかりやすく言えば——になったことになる。

長相がみな皇帝の直臣になったということは、別の表現をするなら、大県・小県にかかわりなく、県の長官の地位が一律に皇帝の直臣によって占められるようになったということだ。つまり、綏和元年の綬制改革によって、広大な漢の領域のすみずみに至るまで、あらゆる県が皇帝の直臣によって治められるようになったのである。長相が黒綬とされた直接の理由は、まさにここにあると考えられる。全国の津々浦々まで皇帝の手足に統治させる体制は、長相を黄綬にしたままでは実現できなかったからだ。

長相が黒綬にされた理由を、黒綬の長相を任命して派遣する皇帝の側から見るとこのように言えるとして、一方、黒綬を佩びる者の候補者を選ぶ推薦者たちの立場からは、この新体制はどのように見えていたのだろう。

ここで再確認すると、漢代の人材推薦制度というのは、すでに長官層に就いている人間が、見どころのある部下を推薦するものだった。一方、綏和元年の改革によって長相が黒綬になったことで、中央にしろ地方にしろ、官府の長官はみな黒綬以上の綬を佩びるようになった。それと同時に、黒綬の官職に昇進するためには、必ず推薦を受けなければならなくなってもいた。ということは、こういうふうに考えられないだろうか。綏和元年を境に、漢の人材推薦制度というのは、すでに皇帝の信任を受けている黒綬以上の高級官僚層（＝公・卿・大夫）が黄綬以下の下位層（士、あるいはその下の庶民）のなかから皇帝が信任するに足る人物を抜擢《ばってき》することで、自分たちの新しい仲間を選び出す制度になったのだ、と。

このプロセスを経ることで、皇帝は推薦者（それ自身が皇帝によってすでに信任されている）による人物保証がついた有能な者だけを選考の対象にできるようになるし、推薦者である高級官僚たちも、自分たち自身が仲間として選んだ（言い換えれば、皇帝の恣意《しい》によって選ばれたのではない）者とともに仕事ができる。さらには被推薦者も、推薦者の後ろ盾を得たうえで、高級官僚の世界に入っていける。こうして、統治機構の上部を占める者たちが、お互いに納得したかたちで、統治機構を維持・再生産していくことができるようになったのだ。「全国の津々浦々まで皇帝の手足に統治させる体制」というのは、決して皇帝一人勝ちの専制支配であったのではなく、高級官僚層全体の協力の上に成り立つ、一種の共同支配だったわけである。綬和元年の綬制改革とそれに連動した人事制度・任官制度の変化は、このようにして、漢の統治機構や統治そのもののかたちを、大きくつくり変えていたのだった。

黒綬と監察制度

このとき築かれた体制の周到《しゅうとう》さは、さらにその先にある。

いくら推薦者に人物を保証され、皇帝の信任を受けたとはいえ、都から遠く離れた、見も知らぬ土地に赴くのだ。そこには自分を推薦してくれた上司も、辞令をくれた皇帝もいない。もしあなた自身がそういう立場に置かれたら、どうするだろう。あなたが長官だから、役所のなかで誰かに指図されることはない。いや、自分はそれでも推薦者の恩義に報いよう、皇帝の信頼に応えようと熱心に働く、という責任感あふれた人なら、もちろん大丈夫だろう。だが、世のなかいろいろだ。まあ適当にやっておくか、多少ごまかしがあってもバレないだろう、などと考える輩《やから》も必ずいる。「全国の津々浦々まで皇帝の手足に統治させる体制」というのは、それをつくるだけならまだたやすいが、維持していくのはとても難しいのだ。だから、いかに長官をまじめに働かせるか、さまざまな工夫がこらされた。

こういう場合、誰もが最初に思いつくのは、監視役を置くことだろう。見張りの目が光っていれば、たとえその地の長官といえども、そう簡単に羽目は外せない。そのシステムは、いつどんなふうにつくられたのか。それを直接伝える史料はないが、『漢書』にこんな話が残っている。

成帝のとき、朱博《しゅはく》という硬骨漢《こうこつかん》がいた。貧しい家の出であったが、腕っぷしと侠気《きょうき》でまわりの信頼を勝ち取り、下積みから県の長官をいくたびか経て、冀州《きしゅう》(現在の河北省中南部一帯)の刺史に任じられた。たまたま老獪《ろうかい》な下役がいて、新任の朱博をひとつ試してやろうと、ある企みをめぐらした。

任地に着いた朱博が、ある日巡視に出かけるため、役所を出ようとした。見ると、役所の内といわずあたりの路上といわず、人だらけだ。みな口々に、あれやこれやと言い立てている。例の下役は何食わぬ顔で、「このままにはしておけません、お出ましはきれいにけりをつけてからですな」などとうそぶく。そんなわけにいくものか、こいつは怪しいぞとにらんだ朱博は、予定通り車の用意を申しつけた。支度ができると、朱博はそのまま車のそばに行き、騒ぎ立てている人々を見渡して、部下にこう呼びかけさせた。

「県の丞や尉のことで言いたいことがあれば、刺史は黄綬の役人を監察しないから、郡の役所に行くように。二千石や黒綬の役人のことで申し分のある者は、巡視が済んだところで、刺史の役所まで来ること。役人に罪を着せられただの、盗賊だの訴訟だのといった話は、担当者に任せる」

用件によって手順通り対応するから、とにかくいまはここを立ち去れ、というわけだ。こう理路整然とこられては、ぐうの音も出ない。押しかけていた四、五百人からの連中は、その臨機応変さに驚き入って、ことごとく姿を消した。さらに朱博はくだんの下役の様子を探り、騒動が仕組まれたものだとわかると、これを処断した。その威厳に、州内の役人どもは震え上がったという。

この一件は、朱博のその後の経歴から逆算すると、綏和元年より何年か前のことだと考えられる。「刺史の役所(治所)」が登場するために、「州の実体化」を物語るものとして、研究者のあいだではよく知られているエピソードだ。ここで「黒綬の役人のことで申し分のある者は、……刺史の役所まで来ること」と言っているところから、綏和元年より以前に、刺史が黒綬の役人を監察の対象とするようになっていたことがわかる。先にみた通り、刺史が地方の郡を巡察《じゅんさつ》するようになったのは武帝のときのことだが、その職務の内容はだんだんと広がって、成帝の頃までに、黒綬以上の地方官を見張るようになっていたわけだ。言い換えると、この時期の刺史は、地方にいる「大夫」が身分にふさわしい振る舞いをしているか、チェックする役割を担っていたことになる。そうした状況のなか、長相が黒綬を佩びるようになれば、当然、長相も刺史の監督下に置かれることになったはずである。

以上を前節までの内容と合わせて言うと、こうだ。綏和元年以降、全ての県の長官は、皇帝の信任を受けた「大夫」によって占められるようになった。それと引き換えに、彼らはひとりの例外もなく、皇帝に事実上直属する監察官によって、行動を見張られるようにもなった。こうなると、長官とはいえ、もう迂闊《うかつ》な行動はできない。刺史として選ばれるのが朱博のような機知《きち》と胆力を兼ね備えた人物であれば、なおさらである。州内が震え上がったというのも、決して誇張ではないだろう。

考課制度と本籍地任用回避

地方長官たちにさらなる緊張感を与えたのが、転勤と人事評価(考課)だ。配属先や勤務成績が気になるのは、現代人でも同じだから、これは想像がつきやすい。

漢代の役所の帳簿は、収穫期にあたる九月末に締められる。県の帳簿は郡に集められ、郡は年内に帳簿を朝廷に送る(第一章で紹介した朱買臣のエピソード中にある「会計報告」がそれにあたる)。生産活動に差し障りがなく、徴税が滞りなく行われ、収支が適切に管理されていることが帳簿からわかれば、それはその土地がきちんと治まっている証となり、長官の勤務成績は良好と判断される。逆もまた然りだ。郡の長官にしろ県の長官にしろ、治績がよければ昇進し、悪ければ降格される。

地方長官の場合、昇進とか降格といっても、官秩の上げ下げだけで済まされるわけではない。

そもそも宣帝の頃から、地方長官を一箇所に長期在任させることはなくなり、数年単位で任地替えになることが常態化していた。同じ人物がひとところに長くとどまることで、土地の人々とのあいだに不適切な関係が生じ、不正につながることを防ぐためである。だから、昇進するにしても降格されるにしても、都に栄転する場合は別として、どこかほかの土地に転任しなければならなかった。

しかも、やはり前漢後期には、黒綬クラス以上の官僚は出身地の官府に着任できないというルールができた(武帝のときはそうではなかったので、第一章で紹介した朱買臣は、故郷である会稽郡の太守になっている)。これを「本籍地任用回避」とか、あるいは単に「廻避《かいひ》」という。綏和元年の綬制改革で長相が黒綬化されたことにより、長相も本籍地任用回避の対象に含められた。その結果、全ての地方長官は、必ず出身地以外のどこかに赴任させられ、中央官になるか官職を退くかしない限り、延々と転勤を繰り返さなければならなくなったのである。

こんなふうに、綏和元年以降のあらゆる地方長官は、「皇帝直参の臣下」として、刺史による監視を受けながら、限られた期間内に何とか良好な勤務成績を残そうと、日々悪戦苦闘していたのだった。そんな暮らしに疲れ、途中で出世をあきらめても、油断はできない。転勤で済んでいるうちはいいが、何かの拍子に告発でもされようものなら、「有罪先請」が待っている。いきなり逮捕されない保証があるのはありがたいけれど、その後の次第によっては、自ら命を捨てなくてはならなくなるかもしれない。当時の地方長官というのは、並大抵の覚悟ではとても務まらない身分だったようだ。

地方長官は、国の意思を決定する中央政府(の頂点にある皇帝)と、その支配を受ける地域社会とをつなぐ位置にある。国がよく治まるかどうかは、地方長官の振る舞いひとつにかかっていると言ってもよい。全ての地方長官を「皇帝直参の臣下」にすることにより、皇帝の支配が国のすみずみにまで行きわたる体制を固めつつ、一方では地方長官が在地勢力と癒着《ゆちゃく》して力をもちすぎることがないように徹底した管理を行ったのも、当時の漢の為政者たちが、地方長官の重要さを十分に理解していたからだろう。では、地域社会の側はこうした新しい統治体制に対してどう反応し、漢はその「反応」をどうコントロールしようとしていたのか。

地方長官は「よそ者」

すでにみた通り、この「新しい統治体制」のもとでは、地方長官は必ず「出身地以外のどこか」に赴任するものと決められていた。「出身地以外のどこか」と、口で言うのはたやすい。しかし、実際に中国に行ってみれば、一筋縄にいかないことはすぐわかる。

何よりまず厄介なのは、言葉だ。共通語にあたる「普通話《プートンホワ》」が定められ、それが学校教育やマスメディアを介して普及した現在でも、住み慣れたところを離れると、土地の人の言っていることが容易に聞き取れない、場合によってはまったくわからないのに愕然《がくぜん》とすることがある。私が外国人だからわからないのかと思っていると、一緒にいる別の土地の中国人も同様に首をかしげていたりする。さすがに今日では誰もが普通話を聞き慣れているので、最低限こちらの言うことだけはわかってもらえるし、普通話を話せない世代も少なくはなったが、それでもこの調子である。まして、普通話も学校教育もマスメディアもない漢代だったら、どうだろう。意思疎通がまならないことは珍しくなかったはずだ。

大変なのは、もちろん言葉だけではない。長官が務めを果たすうえでは、気候風土や生活習慣の相違も大きな問題となる。食べものくらいなら慣れと我慢でまだどうにかなるが、何しろ彼らの最大の仕事は、その土地の経済活動や社会秩序の維持・向上である。コメを見たことのない人が稲作地帯に赴任して、やれ農業生産を高めろの水利施設を作れのと言われても、どうしてよいか困惑するだけだ。長官と土地のミスマッチがあまりに極端だと、それこそまったく仕事にならないから、赴任先を決めるときには相応の配慮がなされていたようであるが、だとしても長官には苦労が絶えなかったことだろう。

こうした状況を地元の人々からみると、地方長官は常に「よそ者」だ、ということになる。だから新任の長官に対して、うちでもうまくやれますかと、現地の人が足元を見るような振る舞いをすることもあった。冀州刺史となった朱博の手腕を在地の下役や民衆が試してみせたのは、その一例だ。しかも彼は、そのあと昇進して琅邪郡（山東省南東部。治所は現在の諸城市《しょじょう》）の太守となった際にも、こんな経験をしている。

琅邪に着任した朱博、さあ仕事にかかろうという段になったが、主立った下役はみな病と称して、誰も出仕してこない。居合わせた者になぜかと訊ねると、「恐れながら、新任の太守さまから挨拶の使者が参りますと、そこではじめて出仕する、というのがここでのしきたりでございます」と言う。これを聞いた朱博の怒るまいことか、鬚《あごひげ》を逆立て文机《ふづくえ》を叩いて、斉《せい》（山東省）の者ども何たることぞと息巻くや、郡府の下っ端や郡内の県府の役人のうちから見どころのある者を抜擢して適所に配置し、病を偽った連中を用済みとして、ことごとく馘《くび》にしてしまった（『漢書』朱博伝）。

このエピソードは、よそからやってくる長官と地域社会とのあいだの緊張関係をよく示している。郡にしても県にしても、地方官府のスタッフは、中央で任命される長官・次官層を除けば、地元において登用されていた。しかもその多くは、役所勤めに必要な読み書きを習得する機会のある富裕層、すなわち豪族といわれる在地有力者の子弟であった。よそ者の長官が赴任先の郡なり県なりをうまく治めていこうとすれば、その土地の人々と良好な関係を築くことが欠かせない。当然、有力者との折り合いが重要になる。まして彼らは数年という短期間で治績をあげなければならなかったのだから、なおさらのことだ。そこで普通の長官は、下役たちの機嫌を損ねないよう、必要に迫られればある程度下手に出ることもあった。そんな具合なので、ときには琅邪の下役たちのように、長官に対して強気な態度に出る地元民もいたのだった。もっとも、琅邪の下役たちのこの振る舞いについては、謹慎して新任者の顔色をうかがっていただけで、むしろ長官を畏怖していたのだとする説もある。ならば、朱博がそれを不遜と感じたのはなぜなのか。やはり、朱博自身も冀州で体験していたように、地元民から挑発を受けるリスクが地方長官につきまとっていたせいだろう。

では長官はいつも土地の有力者におもねっていたのかといえば、決してそんなこともない。そっちがその気ならこちらにも考えがあるぞと、朱博が逆に勝負に出てみせたのが、何よりの実例である。

「君主」としての地方長官

このとき朱博が武器としたのは、長官の握っていた人事権だった。

朱博が病欠者の穴を埋めるために人をかり集めてきたり、いらなくなった下役をやめさせたりしたことからもわかる通り、郡の太守は郡府のスタッフを任免できた(中央から派遣される次官など一部を除く)。さらに、部下のうちにこれはという人材がいれば、それを取り立てるよう推薦する資格もあった。同様に、県の長官も県府のスタッフを選ぶことができた。だから長官たちは、状況さえ許せば、自分にとって都合のよい相手を手足とすることによって、地域社会に介入することも不可能ではなかった。

さらに、地方長官は管内の治安や秩序を維持するために裁判権をもっており、警察権をも掌握している(県においては次官の県尉《けんい》が担当する)。国家の末端機関である県の長官の手中には、徴税権だってある。したがって、有力者が人間関係のうえで長官に対して強気に出ることはできても、行きすぎた反抗をすればつぶされる恐れもあった。かといって、土地の者をあまりにも抑えつけすぎ、相手が服従しなくなったら、長官の側も統治に支障をきたすし、徴税だってままならない。そこはお互いわかっているので、バランスが崩れない程度のちょうどよい妥協点を探るところが、長官の腕の見せどころということになる。だから朱博も、自分を甘く見た連中の鼻っ柱をくじきはしたものの、その代任についてはちゃんと地元の役人のなかから選抜して、郡内の全ての有力者を敵に回すような事態を回避していた。こういう駆け引きがきちんとできたからこそ、朱博は地域のコントロールに成功し、しかるべき治績をあげて、首都圏の長官に栄転できたのである。朱博は豪族を取り込んで利用するのに巧みであったと『漢書』は伝えるが、なるほどこういうことか、と思わせる逸話である。

こんなふうに、地方長官には地域社会と対峙《たいじ》していけるだけの大きな権限が与えられていた。人事・裁判・警察・徴税の裁量を握っていれば、もうほとんど一国一城の主と言って差し支えない。これならば、慣れない土地に数年間だけ派遣される立場であっても、才覚次第で腕をふるうことができる。もちろん、巨大な漢の国家全体からみれば、県レベルの「一国一城」など吹けば飛ぶようなものだが、それでも一定の範囲の支配を全面的に委ねられるのだから、「皇帝直参の臣下」というお墨つきは、決して飾りではなかったわけだ。

地方長官の権限が強いことは、地域社会にとってもデメリットばかりではない。その土地の実情や風俗に応じた施策を講じてもらうこともできるし、とくに長官が人事権をもっている点は重要だった。郡府や県府のスタッフに取り立てられ、太守や刺史といった推薦権をもつ人々の目にとまれば、やがて「大夫」に取り立てられる可能性も出てくる。このように、地方長官はその権限を活用して地域社会に恩義をほどこし、地域社会の側もそれに協力することで利益を得、さらにそれを梃子《てこ》にして地方長官は治績をあげ出世するという、相互扶助的な関係が成り立っていたのである。

ここで思い出していただきたいのが、前章で言及した、当時のトレンドである。成帝の時代には儒学の擡頭が著しく、綏和元年の改革の背景にも儒学の影響があった。このときうち立てられた三つの新制度――三公制・州牧制・周の位階序列に対応した綬制――の全てに共通する綏和元年改革のキーワードは、「漢の制度を周の制度に読み替える」ことだった。そうした時代状況のなかにあって、強い権限を皇帝から分与され、「一国一城の主」として地域の支配を全面的に委ねられた地方長官の姿は、それを間近に見る人々の目に、まるで周王から土地と人民を与えられてその土地に君臨する封建諸侯のように映ったらしい。

そうしたイメージを増幅したのが、当時の地方官府の構造である。郡府にしても県府にしても、奥まった空間の内側で長官が生活し、その外側に設けられた空間にはスタッフが参集して政務や儀礼をとり行う政庁が置かれ、そのさらに外でスタッフたちが日常業務を行う構造になっていた。このかたちは都における皇帝の生活空間と政治・儀礼空間の配置とちょうど同じであり、郡府や県府はいわばミニサイズの宮殿・朝廷として造られていたのだった（佐原康夫「漢代の官衙《かんが》と属吏について」一九八九）。その意味においても、「ミニサイズの宮殿」に暮らす地方長官は、郡や県における「君主」にほかならなかった。

第二次君臣関係

そこで次第に定着したのが、地方長官を「府君《ふくん》」と呼ぶ習慣である。中央から派遣されてくる次官たちは、郡府・県府における大臣という意味で（詳細は後述）、「府卿《ふけい》」と称された。大臣につき従う官僚に相当するのは、当然、現地採用される郡府や県府のスタッフである。こうして郡や県は、諸侯＝地方長官を頂点とする、ひとつの国と観念されるようになった。その場においては、長官と部下の関係が、君主と臣下に読み替えられる。後漢末の応劭が当時の習俗や巷説《こうせつ》を批判的に紹介した『風俗通義』には、長官と部下の関係を「君臣」と称した事例がたくさん挙げられている。確かに漢ほどスケールの大きい国ともなれば、はるか遠くの宮中深くにあって実在するのかどうかもわからないような皇帝より、顔の見える身近な長官の方に忠誠を誓いたくなるのは、人情として当然だろう。こうした風潮を受けて、後漢時代には、地方長官を顕彰《けんしょう》する石碑を立てることが流行した。それらの石碑においても、長官はもちろん「府君」と称されている。

官府の長官と部下のあいだに取り結ばれる君臣関係は、皇帝と臣下のあいだの一次的な君臣関係(第一次君臣関係)に対比して、「第二次君臣関係」と呼ばれる(渡辺信一郎「中国古代専制国家論」一九九二)。ことに、長官による推薦を受けて立身した部下(故吏《こり》)と、推薦者となった長官とのあいだの絆はきわめて強固だった。実際、後漢時代において、皇帝に対するのと同様(あるいはそれ以上)に元の長官を敬愛したという話は枚挙にいとまがない。そのような風潮が行きすぎると、下手をすれば、郡や県が本当に自立した「国」になってしまい、国家が分裂する恐れもある。それを防ぐための主な方法が、長官の本籍地任用回避と短い任期、そして刺史による監察だった(ほかの方法のうちのひとつが、綬による統一的位階序列の強調である。これについては後述する)。

このように言うと、「いくら防止策が講じられているとはいえ、前漢末の為政者は、なぜそんなリスクの高い体制を選択したのか」と、疑問に感じる人もいるだろう。漢代史にお詳しい方は、

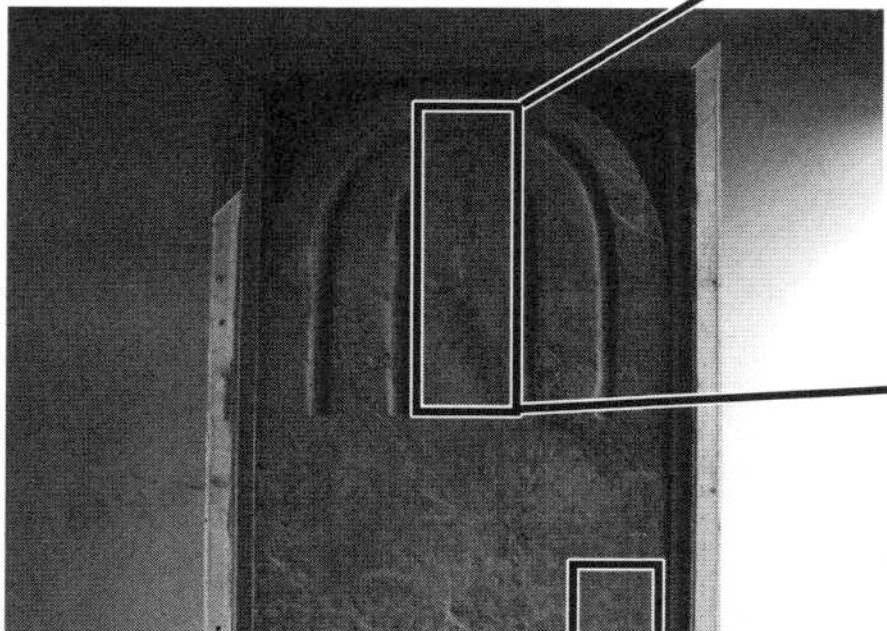

拓本

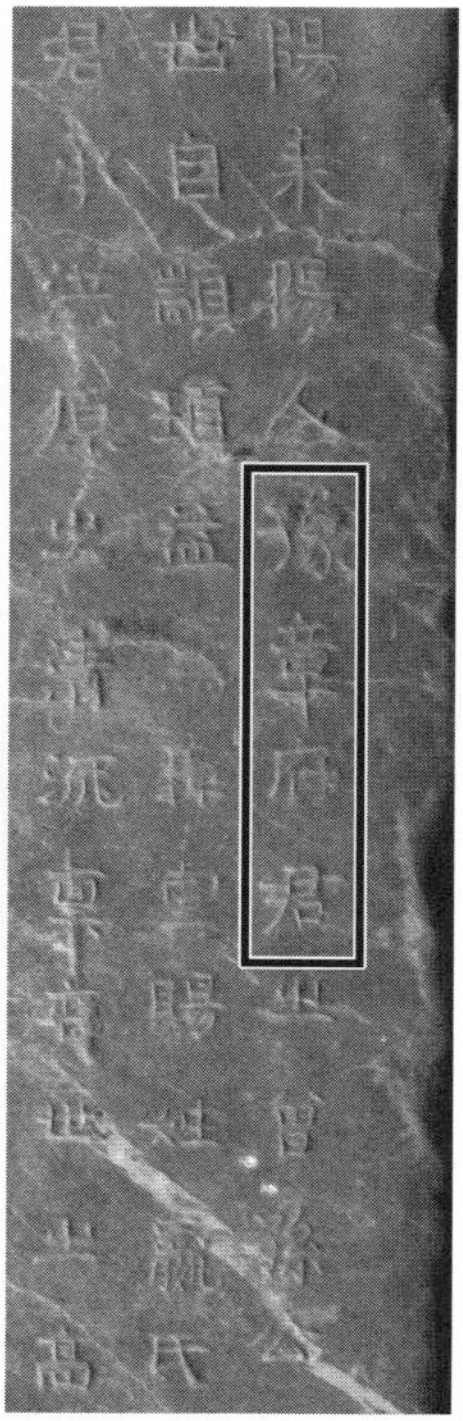

「府君」の文字が見える石碑（谷朗碑《こくろうひ》）（著者撮影）
三国呉で九真《きゅうしん》郡の長官を務めた谷朗の墓碑。上部の碑額（碑のタイトル）は現在は破損しているが、右上の拓本（京都大学人文科学研究所蔵）には「九真太守谷府君」とあり、太守が「府君」と称されていることがわかる。また本文（右の拡大図）にも、彼の三代前の祖先のこととして「豫章《よしょう》府君」（「豫章郡太守」の意）とある。

「武帝の時代にあれだけ中央集権化が進められたのに、なぜこのような逆戻りをしたのか」と思われるかもしれない。では逆にお尋ねしたい。皇帝にばかり都合のよい法律を制定し、それを無理強いしたところで、人々は納得して支配を受け入れるだろうか。広大な領域のなかにある多様性を軽視し、ところ構わず画一的な制度を押しつければ、国家はひとつにまとまるのだろうか。

武帝の対外征服により、ユーラシア東部の農耕世界を全て覆いつくすほど拡大した漢は、そうした方法で全体を制御しきれるような規模の国家では、すでになくなっていた。何しろ、地方長官の出身地を勘案して派遣先を選ばなければならないほど、土地ごとに気候も生産力も異なっていたのである。そもそも、とれる作物からして同じではない。暮らしぶりが多様なのに、それをひとつのやり方で等し並みに治めようとしたのでは、必ずどこかで破綻《はたん》が生じる。その破綻のリスクの方が、地域ごとの個性を重んずることによってもたらされる国家分裂のリスクより、よほど大きかったのである。とくに、武帝期の集権化のもたらしたひずみが大きくなっていた前漢後期には、人と人、あるいは地域と地域の結びつきをより重視した、新しい統合の方法が求められるようになっていた。そうした時代においては、「高級官僚層全体の協力の上に成り立つ、一種の共同支配」とか、地方長官と地域社会の「相互扶助的な関係」を利用した支配は、むしろうってつけのものだった。

このような事情から、漢の国家は、第二次君臣関係の存在を否定するどころか、むしろ支配の強化に利用しようとした。というのは、「府君」が「皇帝直参の臣下」である以上、それに対して忠誠を誓う者は、結局皇帝の忠実なしもべたり得ると考えられたからである。身近な目上をしっかりと敬うことが皇帝への奉仕につながるという論理は、民衆に対しても適用され、前漢後期以降、地域社会の内部において年長者を、家庭内において親を敬うこと(＝孝)が、ことさらに強調されていた。つまり、この時代の全体的傾向として、皇帝と万民が媒介者をはさむかたちで君臣関係を構築・維持することが重視されていたのである(このあたりの事情については、漢代に重んじられた儒学がその後の時代のものとは趣を異にするという点を考慮しなければ理解しきれない部分もあるが、それについては本書では割愛する)。そうした背景のもとで社会のなかに設定されたさまざまな「媒介者」のなかでも、とりわけ重要な位置にあったのが、皇帝と地域社会を結び合わせる地方長官であった。しかし、長相が黄綬のままである限り、彼らは「皇帝直参の臣下」ではないので、「媒介者」として十分な機能を果たすことができない。この問題を解決するには、たとえ長相の官秩が低くても、彼らを「大夫」にしてやる必要がある。そのための手段こそが、四百石・三百石の長相にも「大夫」の証たる黒綬を与える、という方策だった。結果、地方長官はすべからく「皇帝直参の臣下」となり、あらゆる地域社会が皇帝とのあいだに君臣関係を構築・維持できるようになったのである。

　この説明はやや理念に傾きすぎているきらいもあるが、「全国の津々浦々まで皇帝の手足に統治させる体制」なるものが具体的にどのように実現され、当時の民衆がなぜそれを支持したのかを、人間同士の心情的な結びつきの面から理解するうえでの手助けになるだろう。制度や法律だけでは、国家は立ち行かない。人間の社会を支えているのは、やはり人間なのだ。

公印と部下

成帝綏和元年に長相が黒綬とされたことによって実現された地方行政制度のしくみや、その思想的な背景は、これまでの説明でおおよそ確認できたと思う。すでにかなりスケールの大きな話になっているので、うんざりしてきたかもしれないが、もう少しお付き合いいただいて、このとき出来上がった新しい統治機構の全体像についても述べさせてほしい。そうしないと、あとの話ができないからだ。

本章のここまでの議論のなかでは、前漢末以降の地方長官が封建諸侯になぞらえられ、官府のスタッフからあたかも君主のようにみなされていたことを強調した。そこで地方のことを問題としたのは、もちろん、長相の黒綬化の理由を説明するためだ。しかし実は、官府のスタッフが長官を君主とみなす習慣は、郡や県だけに存在していたものではなかった。だから、第二次君臣関係が大事だというのも、地方に限ったことではない。その点を考えるうえで重要な手がかりを提供してくれるのが、公印である。

第一章において、公印が授けられるのは任官・封爵の儀式においてであり、原則として全ての官職には公印が授けられていた、と述べた。しかし文献によると、任官・封爵にあたって必ず授けられるはずの公印をもたない官職が存在すると書かれている(『漢書』百官公卿表、『東観漢記』百官表など)。そのなかには郎《ろう》(秩三百石)のように官秩の低いものもあれば、光禄大夫《こうろくたいふ》(秩二千石)のような高ランクのものもあるので、官秩が公印の有無を決定しているのでないことはすぐわかる。職務内容も、宮中の宦官《かんがん》(小黄門《しょうこうもん》など)から通常の官職(御史・博士など)までいろいろで、どういう仕事をしているのかとも関係はないらしい。ただし、全体的傾向として、定員が複数ある官職、つまり同じ地位にある者が同時に多数存在するような場合に、公印が与えられないことが多いとは言える。

ところが、『漢書』百官公卿表によると、定員が複数ある官職のなかでも、そのとりまとめ役(僕射《ぼくや》)には公印があるという。わかりやすく言うと、同じ部署で同じ職務に就いている者が大勢いるとき、ヒラには公印が与えられないが、係長には公印がある、という意味だ。ここから単純に考えると、公印の有無は「部下がいるかどうか」で決まるということになる。実際、漢代の文献をみると、特定の官職の配下に部下を置くことが認められたときには公印を与え、部下をもつ権限がなくなると公印も一緒に取り上げた例がある(大司馬など)。なかでも面白いのが、平帝元《げん》始《し》四(四)年に王莽が宰衡に任じられた(第二章参照)ときの言い分だ。

「わたくしは……この四月に宰衡となり、その位は上公であります。……わたくしめの思いますには、宰衡なる官はもろもろの役人どもを正し治め、海内《かいだい》〔天下のこと〕を平穏にすることを務めといたしますところ、印章が与えられず、名実が伴っておりません。わたくしには多くの官職を兼ねるほどの能力はございませんのに、お上にあらせられましては、誤ってわたくしを重用しておられます。ついてはお願いいたします。御史に宰衡の印章を刻ませ、印文は〔自身の兼ねている官名を全て含めた〕『宰衡太傅大司馬印』とし、出来上がりましたらわたくしにお授けください。いま手持ちの、太傅と大司馬の印はお返しいたします」

時の皇帝であった平帝はまだ幼く、実権は王莽の手中にあったから、王莽に「多くの官職を兼ね」させたのは王莽自身である。そのくせ、それは行きすぎですと申し立て、では役職を投げ出すのかと思いきや、新しい官職のために特別製の印章を作ってよこせというのだから、図々しいことこの上ない。しかしいま問題なのは、この要求が引き起こした結果だ。王莽の望んだ通りの公印が下げ渡されるのと同時に、宰衡に対して、秩六百石の部下がつけられたのだという(『漢書』王莽伝)。公印と部下は対をなすものであったことが、ここから読み取れる。

公印による「擬制的封建」

部下がいる官職には公印があり、部下がいなければ公印はない。この理屈は、爵位に対して与えられる公印にも当てはまる。

公印を受ける爵位が第十九級の関内侯までで、第十八級の大庶長以下に公印がなかったことは、前章で指摘した通りである。そこでは、印綬の有無が分かれた理由として、領地をもつ爵位が関内侯までだったことを挙げた。その説明は誤りではないのだが、厳密さを欠く。というのは、諸侯が領地に附随して、必ずもつものがあるからである。領地を管理するための組織がそれだ。

再三繰り返した通り、列侯国には侯国相をトップとする県と同等の官僚機構があったし、関内侯にも領地や家内のことを取りしきる役人がいたことは、彼らに対して与えられた公印の実例からわかっている。逆に、大庶長以下の爵位には領地がない(もちろん彼らにも家屋敷や田畑はあるわけだが、それは「領地」ではなく、あくまでも私物である)から、それを管理する組織も、公的なものとしては存在しなかった。そのことをふまえたうえで、部下のいない官職には公印がないというルールを改めてみると、爵位の場合も官職と同じく、部下の有無が公印の有無を決定していたことがわかる。よって、「公印は領地つきの爵位とセット」なのではあるが、正確には、「公印は領地を管理する組織をもつ爵位とセット」という方が適切だ。

以上を整理すると、

①官職・爵位を問わず、公印が与えられていたのは、部下をもつ「組織の長（と次官）」だけである。
②公印を与えられる爵位だけが、諸侯として遇される。
③官府の長官は、周の封建諸侯に擬せられる。

という原則があったことがわかる。このうち②については、高祖が詔のなかでそのように言っていること（第二章参照）から、漢の建国当初から一貫していたルールだと考えられる。①はいつ定められたのか不明であるが、②が漢初から存在していたことに照らせば、①も比較的古くからあった習慣だろう。一方③については、類似した感覚が漢初になかったとは言わないが、それが儒学の経典を根拠として論理化され、郡県支配を下支えするイメージとして充実・普及するのは、前漢後期に儒学が浸透してからのことである（板野長八「戦国秦漢に於ける孝の二重性」一九六七）。言い換えれば、前漢後期――とくに、長相に黒綬を与えることによって県の長官を一律に封建諸侯とみなすことが制度化された、綏和元年綬制改革――以降、官府や諸侯の領地など、漢の統治機構を構成する全ての組織は、いずれも公印をもつ「封建諸侯」によって治められる存在として、共通する性格をもつと考えられていたことになる。前漢末に現れたこうした統治機構の形態は、官僚制が封建制になぞらえられている（＝擬制されている）という意味で、「封建擬制」とか「擬制的封建」と呼ばれる。

これを裏返せば、前漢末以降の公印は、擬制的な封建諸侯に対して与えられる、組織を統率する資格の証だったと言える。第一章において、漢代の公印には「君主の臣下に対する信頼の象徴」としての機能があったと述べたが、「信頼」の内容を前漢末以降の状況に則して具体的に示すなら、それは「信頼して、諸侯に封建する」という意味だったのである。だとすると、前漢末から後漢時代にかけての公印には、周王が諸侯を封建するときに分け与えた青銅器のような性格があったとも考えられよう。

長官と次官

ところで、官府の長官を周の封建諸侯に擬する見方が、「儒学の経典を根拠として論理化されていたというのは、具体的にどういうことなのか。

漢代の県には人口の多寡《たか》に応じて大県と小県の二種類があったことは、すでに紹介した（第二章参照）。大県と小県の区別は、長官の官秩（大県は秩千石〜六百石、小県は秩四百石・三百石）や呼び名（大県は県令、小県は県長）だけでなく、県府の次官の人的構成にもあった。これについては、応劭『漢官儀』に、大県には丞と左右の尉がいる。これはいわゆる「命卿三人」にあたる。小県には尉と丞がひとりずついる。いわゆる「命卿二人」である。

と説明されている。県丞《けんじょう》は県令・県長の補佐役、県尉は前述の通り警察長官のようなもので、いずれも中央政府から派遣される。ここに「命卿三人」とか「命卿二人」とかあるのは、『礼記』の、

大国には三卿があり、全て天子〔ここでは周王のこと〕によって任命される〔＝命卿三人〕。次国には三卿があり、うち二卿は天子によって任命され〔＝命卿二人〕、一卿はその国の君主によって任命される。

という一節に対応したものである。漢の制度では、地方官府の次官を長官が任命することはできなかったので、それを周の制度に読み替える際、「その国の君主によって任命される」という部分はないものとみなされ、結果的に応劭のような説明になったわけだ。当時の地方官府の次官が「府卿」と呼ばれたのも、周の諸侯国の大臣が儒学の経典においては「卿」と言われていたからである。このように、地方長官を封建諸侯になぞらえるだけではなく、漢の地方官府の組織その

もののうちに周代の理想的な制度をみるというのが、前漢末から後漢時代にかけての一般的な考え方だった。

そこで注目されるのが、「周代の理想的な制度」においては、諸侯のみが天子に封建されてひとりで封国を支配するのではなく、補佐役の卿も天子に命じられるとされていた点である。つまり諸侯の卿は、諸侯国のなかにおいてはもちろん諸侯の大臣すなわち臣下であるが、一方では天子の臣下としての身分ももつ、と観念されていたわけだ。そして、漢代の地方官府の次官が中央政府から派遣されていたことからもわかる通り、漢代の官府の次官にも、「命卿」と同様の性格があった。

例えば漢代の県丞は、県の長官の臣下とされる一方、長官不在などの折にはその代行者となり、官府の外に向けて文書を発信することもあった(髙村武幸「秦漢時代の県丞」二〇〇六)し、スタッフに対して長官と並ぶ「君主」として振る舞うこともあった(仲山茂「漢代における長吏と属吏のあいだ」二〇〇二)。そういう意味で、県府の次官は、長官の臣下であると同時に、皇帝の(直臣ではないものの、皇帝の統制下にある中央政府から任命された)臣下として、場面によっては長官と同じ立場にも立ち得る存在だったのである。言い換えると、長官と次官というのは、必要に応じて長官の職務を次官が助けながら、共同で官府を動かしていくものであった(「丞」とは「たすける」意)。もちろんそれは、中央の官府においても基本的に同様であった。現代でも、部長の部下である副部長が、ときに部長の代理を務めて、部長と一緒に組織をまわしていくことがあるだろう。漢代の官府もそれと同じように動いていたのだと考えればよい。このようにイメージすれば、官府の長官だけでなく次官もまた公印を与えられていたという点にも、容易に納得がいくはずだ。

さらに、長官と次官が協力して官府を運営していく構造は、漢という国家全体についてもみられた。その場合の「長官」はもちろん皇帝、「次官」は丞相である。先ほど引用した王莽の「宰衡」(丞相とは異なる地位だが、皇帝を補佐する宰相としての役割は同じ)に対する考え方からもうかがえるように、百官を正し治め海内を平穏にするのは皇帝の役目ではなく、むしろ皇帝の補佐役である丞相の務めだという論調が、とくに前漢後期以降には根強かった。地方官府がミニサイズの宮殿・朝廷とみなされたように、宮殿・朝廷は「ラージサイズの官府」だったのである。

前漢末以降の統治機構の構造

以上みた通り、前漢末以降、漢の統治機構は、擬制的に封建された官府の集合として成り立つものと観念されるようになっていた。それぞれの官府の長官(と次官)には封建の証としての公印が与えられ、その内部では長官と部下のあいだに第二次君臣関係が取り結ばれる。そうした官府が末端のものからより上位のものへとピラミッド型に積み重なって、漢という大きな国家が出来上がる。前漢末以降の人々が理想として思い描いた、儒学の経典のなかの周の封建制も、周王に封建された諸侯がさらに臣下を封建し、その臣下がさらに臣下をというふうに、領地の重層構造で成り立つものであったが、彼らはそれを漢の統治機構と重ね合わせることで、自分たちの生きる社会を理想的なものだと考えようとしたのである。

しかし、封建制というのは諸侯に土地と人民を与えて支配を任せる制度だから、その論理が行きすぎると、国家全体のまとまりが弱くなる。すでに本章で詳しくみた通り、国家分裂の危険を防ぐための現実的措置はさまざまに講じられていたが、「分裂の危険を防ぐ」ことと全体のまとまりを演出することとは、問題の次元が異なる。公印による「封建」を積極的に容認しながらも、それを独り歩きさせることなく、「封建」の重層構造の総体をどう秩序づけるか。この課題を解決するために利用されたのが、綬制だった。

公印は部下のない官職に対しては与えられなかったが、綬はどうであったのか。この点については文献の記載が不足・混乱していて、わかりづらいところがあるのだが、結論から言えば、公印がないのに綬を所持していたケースは明らかに存在する。なかでも、高名な学者であった丁鴻《ていこう》が明帝に『書経《しょきょう》』を教授するにあたり、無位無官であるにもかかわらず綬を賜ったこと(『後漢書』丁鴻伝)は、皇帝の御前において綬の着用が求められていた事例として重要である。しかも、この措置は博士に対するものと同じであったとも記されているので、公印の支給対象外であった博士も、綬だけは与えられていたとみるのが妥当だ。

漢代の状況についてはこれ以上はっきりしないが、公印や綬を持たない官職が増加した南北朝時代においても、朝廷の儀式に参加する身分の者はすべからく綬を持つとされていた(阿部幸信「漢代官僚機構の構造」二〇〇三)ところをみると、綬がなければ宮中・朝廷に参上できないという観念は、後世でも根強かったようである。丁鴻が受けた待遇のうちにその淵源《えんげん》を見出し得るということは、すでに後漢時代から、朝廷に出るときには綬を佩びなければならなかったのだと考えてよさそうである。そのような制度が生まれた理由は、正装した際に外側から見えていたのが綬だけであること(第一章)、綬が朝廷での席次を示していたこと(第二章)から、容易に想像がつく。要するに、綬は朝位と結びつく位階標識であったために、朝廷への参集資格を表すものとして機能していたわけだ。

では、綬によって表示される朝位は、どんな位階序列によって規定されるのか。もちろん、「公―卿―大夫―士」という周制身分だ(第二章参照)。この周制身分は、官職(＝官秩序列)と爵位(＝二十等爵制)のいずれとも一致しない、独立した序列であった。それはつまり、周制身分が漢の国内におけるさまざまな序列を超越・統合した、統一的位階序列であったことを意味している。周制身分は朝位と一致するので、朝廷においてもっともわかりやすいかたちで機能するけれども、決して朝廷限定のものではなく、どこに行っても有効だし、また変化もしない。よって、県府において「府君」として君臨していようが、朝廷で皇帝の御前に平伏していようが、黒綬の官職は常に「位大夫」である。何しろ、周制身分がそのようなものであるからこそ、長相に黒綬を与えることで、地方行政制度の整備が可能になったのだから。

官僚や諸侯が周制身分を与えられるのは、皇帝からしかるべき地位に任命され、周制身分の標識としての綬を与えられたときである。換言すると、綬というのは、第一次君臣関係（のなかでも、とくに「元士」以上の周制身分を得たこと）の可視的な象徴である。当時の漢の国内には、こうした「統一的位階序列」の標識たる綬を身につけた官僚が、各地の官府に散らばって存在していた。それらの官僚は、長官をトップとする官府に定期的に参集する。そこでは政務や儀礼などさまざまな公的活動が行われ、その都度、彼らは長官の前に居並ぶことになる。その「ミニサイズの朝廷」での序列を決定していたのも、もちろん、周制身分だ。ということは、長官と部下は第二次君臣関係を取り結ぶけれども、その上下関係の序列は官府のなかで場当たり的に形成されるのではなく、皇帝を頂点とするかたちであらかじめ用意された周制身分、すなわち第一次君臣関係の序列によって決定されていたことになる。こうすれば、長官が官府内で部下とのあいだに君臣関係を取り結んでも、皇帝を頂点とする秩序は動揺しないし、官府内の秩序と統治機構全体の秩序の連続性も確保することができる。前漢末において、「『封建』の重層構造の総体」は、このような方法によってまとめ上げられていたのであった。

前漢末の統治体制の歴史的意義

本章後半の話も、相当に複雑だった。念のため、要点のみをまとめておく。

前漢末から後漢時代にかけての統治機構は、周の封建制をまねた「擬制的封建」を基本スタイルとしていた。そのなかで、公印は「封建」の象徴としての役割を担わされており、封建領主に擬せられた官府の長官(および、それを補佐する次官)に対してのみ与えられた。官府の長官は、官府の内部に自らを頂点とした君臣関係を築くことができたが、その序列を自分で決める資格まではもっていなかった。官府内の序列を決定していたのは、全国共通の位階序列である周制身分であり、それを可視的に表現していたのが綬であった。そのため、綬は全ての官僚・諸侯にとって必要なものとされ、統治機構の構成員全員に例外なく与えられていたのである。

以上のことを印綬に即して端的に表現すると、このようになるだろう。前漢末の新しい体制の特徴とは、公印による「擬制的封建」によって統治機構をいったん分解し、それぞれの官府に自立的秩序の形成を許したうえで、その秩序を統一的位階序列を示す綬によって再統合して、皇帝のもとにまとめ上げるものであった、と。こうしてみると、綬とは公印を身に佩びるためのリボンというより、むしろ漢という国家をひとつにつなぐための紐帯だったことがわかってくる。本章で取り上げた、異なる位階序列を結び合わせる綬制の機能や、漢そのものがひとつの「封建」の単位であったということの意味については、第五章において改めてクローズアップしたい。

さて、「擬制的封建」のなかで印綬が果たした役割について確認したうえで、この体制がもっていた歴史的意義についても、少しだけ言い添えておく。いくら当時の人々が周の封建制を理想としたといっても、漢の統治体制は官僚制なのだから、上位の組織の長が下位の組織の長を任命すること――例えば、郡太守が県の長官を任命する、など――はできないし、官府の長官が治めるのも自身の領地ではなく、たまたま担当として割り当てられた地域にすぎない。そのように細かくみれば、漢の統治体制が周の封建制と同じでないことはすぐにわかる。それでも彼らが「擬制的封建」にこだわり続けたのは、こじつけでもねじ曲げでも何でもいいから、漢の制度を「擬制的」なものとして「読み替え」ること自体が、ひとつの目的だったからである。

そうした彼らの態度を、現代のわれわれの目線から、理想主義とか儒教かぶれとかいって笑ってしまうのはたやすい。しかし、本当の意味で重要なのは、この強引な「読み替え」を口実として、全ての県を「皇帝直参の臣下」に治めさせる体制がつくられたり、そこで人と人の心情的なつながりを生かした安定的支配が実現されていたりしていたことである。そもそも周の時代とは状況が異なるのだから、理想上の周の封建制をそのままに再現することは到底不可能だが、その構造を巧みに利用することで、皇帝による支配を漢の広大な領域のすみずみまで行きわたらせ、皇帝と高級官僚層の相互協力を実現し、大土地所有の進展による豪族の擡頭に対処できていたのなら、それがこじつけだろうがねじ曲げだろうが、為政者にとっては大成功だったのではないか。

実際『漢書』は、前漢末の平帝の時代の戸口統計を紹介したうえで、それが漢の人口の極盛だったとさえ言っている。

しかも、前漢末の統治機構をほぼそのまま踏襲した後漢王朝のもとで、中央の政界は延々と政争に明け暮れたが、それでも国家はそれなりにきちんと運営され、二〇〇年以上にわたって命脈を保った。それはひとえに、日々こつこつと働く膨大な数の役人の心をつなぎとめ、高級官僚の横暴や不正を厳しく律し、それぞれの土地に暮らす人々の暮らしを守るものとして、「擬制的封建」がよく工夫されたシステムだったからだ(もちろん、現実には腐敗や不正とまったく無縁であったわけではないが、それはシステムの欠陥というより、担い手となる人間の側の問題である)。そしてこのシステムは、のちの人々から理想視され、しばしば回顧の対象にされたのだった。

ところで、こうしたシステムが前漢末につくられたことはわかったが、それは以前の時代の体制とどう異なっていたのだろうか。本章において「武帝期はこうではなかった」というフレーズが頻出したことからもわかる通り、武帝の時代の状況は前漢末と相当に違っていたのだが、一般的な説明では、むしろ武帝期に漢の統治体制が完成したとされることが多い。しかも、そこで「完成した」体制は、漢初の分権的な「郡国制」を集権化した「実質的な郡県制」とされるのが通例である。そうした認識からすると、漢の長期的な安定を実現した体制は前漢末にできたとか、それは「擬制的な封建制」であったとかいう話は、やや意表を突くものであったかもしれない。すると当然、武帝の時代というのは結局どんな時代で、そこでなされたことは前漢末に生み出されたシステムとどういう関係にあるのか、ということが問題になってくるだろう。本書は漢代史の概説書ではないので、その全てに言及することはできないが、少なくとも印綬制度やその背景にある世界観に関係する範囲においては、状況の推移を確認しておく必要がある。

よって次章では、諸侯王とその印章を手がかりにしながら、前漢初期から「擬制的封建」の時代に至るまでの、漢の国家のあり方の変化を追いかけてみたい。その過程で、武帝の時代がもっていた個性についても、改めて考え直すきっかけが得られるはずだ。

コラム4　青銅器から公印へ

本章の議論のなかで、「擬制的封建」の象徴であった公印を、周代の封建に際して与えられた青銅器にたとえた。封建・任命にあたり下げ渡される器物が青銅器から公印に変わっていった理由について、ひとつの仮説を提示してみたい。

周代の封建制は、周王が諸侯に土地と人民を授け、地域の支配を委ねるものだった。当時の王は、人々を懐かせ、従え、導く特別な力「徳」をもつ存在とみなされていた。諸侯は王から徳を分かち与えられることで、土地と人民の支配を実現できたのである。そのような時代、封建の証となる物品としては、「特別な力」と結びついた神秘的な祭器である青銅器こそがふさわしかった。

やがて戦国時代になると、諸侯が王として自立した。それぞれの国の内部では、封建制に代わり、王が各地に代理人を派遣して国土全体を統治する官僚制が拡大した。官僚制のもとでは、土地や人民はあくまでも王のもので、代理人は土地や人民を管理するだけだ。王が統制しなければならない臣下の数は劇的に増加したはずだし、彼らに対する指示も王がいちいち出さなければならない。かといって、代理人たちを毎回呼びつけて口頭で指示するわけにはいかないので、おのずから文書に頼らざるを得なくなる。文書による命令には、文書の権威を保証し、命令に実効性をもたせるための目印が欠かせない。その目印としては、文書の封泥に押された王の印章の印影が最適だ。印影の原本になるのは、もちろん王の印章である。こうして王の印章は、国土とそこに住む民を管理する人的組織を率いるうえでの、王の権威の象徴となった。

一方、王の代理人の方も、富国強兵策のもとで土地や人民の管理がきめ細かくなされるようになると、相応の人的組織を抱え込む必要に迫られた。土地や人民の台帳の作成・点検はもちろん、台帳に基づいて労働力や物資を集めたり、集めた労働力に対して物資を支給したり、その収支をチェックしたりと、土地・人民の管理には膨大な業務が附随するからだ。こんな日常業務についてまで王の指図を仰いではいられないし、それは王にとっても無理な相談である。そこで、王は代理人＝長官に対して一定範囲の土地と人民の管理を担当する人的組織を委ねて、命令・報告のやり取りは原則として長官とのあいだまでで済ませようとした。その際、長官に人的組織を委ねる象徴として選ばれたのも、その人的組織を代表して王と文書を取り交わすために必要な印影を作り出すための道具、つまり印章だった。こうして、公印が青銅器に代わる権限委譲の証となったのである。

戦国時代の末、韓の王が秦に降伏した際に差し出したのは、「地」と「璽」だったという(『史記』秦始皇本紀)。この「地」とは、土地や人民について具体的に記した地図や台帳のことだろう。「璽」は始皇帝以前の時代、印章全般を指す普通名詞であったが、ここでは韓の国の土地や人民を管理する人的組織を動かすための、王の印章を意味しているはずだ。ここからも戦国時代末期の印章の機能をうかがうことができる。

第四章　諸侯王印の変化と諸侯王の地位の変遷

「一二・二九」事件

二〇〇八年十二月二十九日、湖南《こなん》省長沙市の北郊の風篷嶺《ふうほうれい》一号漢墓に、坑《あな》が開けられているのが発見された。現場に急行した警察は、これが大がかりな盗掘であることをつかみ、すぐに捜査が開始された。

ほどなくして、骨董《こっとう》市場で漢代の玉璧を売りに出していた怪しい男が浮かび上がった。この男は江西省・山東省に足しげく通っており、そこに仲間がいるらしいことも判明した。一味を洗い出そうと警察が男を泳がせているあいだにも、盗掘団は大胆な墓荒らしを繰り返した。長沙王の金印が見つかったとの風説が流れるなか、警察はついに逮捕に踏み切り、関連して検挙された者の数は五〇名以上に達した。被害にあった古墓は実に二〇座。回収された文物三〇〇余点のうち、一二点は国家一級文物(日本での国宝に相当)とされた。この大盗掘事件は、発覚の日付から、「一二・二九」事件と呼ばれている。

当局によって回収された文物は、二〇〇九年七月、長沙簡牘博物館において公開された。なかでも耳目を集めたのが、漢代の長沙王のものとされる二つの亀鈕金印「長沙王璽」「長沙王印」であった。これらの印には不審な点が少なくなく、北京の国家文物局の厳密な鑑定の結果、漢代のものとしては金の純度が高すぎることや、文字の形が不自然であることなどから、偽造品との判断が下された。ただ、これらが偽造品であっても、盗掘品をモデルにしたレプリカという解釈も成り立つので、これらの印に相応の価値を認めるべきだと考える人もいて（本物とみる人も無論いる）、扱いの難しい存在となっている。

「長沙王璽」（左）と「長沙王印」（長沙市文物考古研究所蔵）

本書を執筆中の二〇二三年十二月にも、「済南《さいなん》王璽」玉璽（螭虎鈕）が香港でオークションに出品されたという報道があった。この出品は突然取り下げられたが、カタログ写真はインターネット上に残っている。写真を見る限りは不自然な特徴が少なくないように見えるが、何しろ実物の存在が確かめられていないので、判断のしようがない。
こんなふうに、漢代の諸侯王印の発見は今日でもしばしば話題になる。それはなぜか。

諸侯王印からわかること

純粋に学術的な見地から言うと、漢代の諸侯王印にきちんとした発掘調査を経て発見されたものがまだひとつもない、という点は重要である。製作・使用の年代が厳密にわかる来歴のきちんとしたものが出れば、考古学や歴史学、美術史学や篆刻学への影響ははかり知れない。もちろん、実物がなくても文献や簡牘資料があるだろう、現にひとつも遺物のない綬制についてもあれだけのことがわかるではないか、という指摘もあり得る。しかし、印の格式は材質だけでなく、鈕形や呼称(璽・印の区別)の組み合わせによっても変わってくるので、色さえ伝えられていれば議論できる綬とは事情が異なるし、とくに諸侯王印については文献や簡牘資料の記述が断片的であるために、漢代の各時期の諸侯王印の具体像を完全に明らかにすることは、文字情報だけからでは不可能なのである。

他方、本書のなかでも何度か話題にした通り、皇帝が諸侯王をどの程度までコントロールできていたのかは、漢の中央政府がどの範囲にまで実効支配を及ぼしていたかという問題と直結するので、漢の国家のあり方を知るうえでも、皇帝の権力について考えるうえでも、諸侯王の立場の移り変わりに関心を寄せる研究者は多い。そのことは、高校の世界史の教科書にさえ、「漢の高祖による郡国制の採用」とか「武帝による王国の実質的な郡県化」とかいうかたちで、諸侯王の位置づけに関連した説明がある点からもわかるだろう。もし漢代の各時期の諸侯王印の格式が詳しく判明すれば、こうした方面の議論に影響が及ぶことは間違いない。諸侯王印の発見が待たれる、もっとも大きな理由はそこにある。

では、現状において漢の各時期における諸侯王印の格式を探る手がかりがまったくないのかというと、そんなことはない。考古遺物というのは発掘隊が遺跡から掘り出すものばかりではなく、思いがけない経緯で偶然に世に現れることもあり(「漢委奴国王」金印がまさにそうである)、そのなかには諸侯王印の実物や、諸侯王印の印影が残った封泥も含まれている。もちろん、「長沙王璽」がそうであったように、素性のあやしい品がまぎれ込むこともあるが、ほかの遺物との照合や材質の分析などを経て、偽造品の可能性がほとんど排除されたものもある。それらを活用しつつ、文献等から得られる情報を組み合わせれば、漢の諸侯王印の変遷についてある程度推測することもできるのである。

それを実際に試みることで、漢代の諸侯王というものを見直してみようというのが、本章の趣旨だ。関連する遺物の写真や文献の記載をできるだけお示しするので、それらをもとにしながら、みなさんもご自身で検討してみてほしい。わたしの結論と一致しなくても、無論構わない。史料に基づきながら、自分の頭であれやこれやと考えるところに、歴史研究の面白みがあるのだ。

現存する諸侯王の印章・封泥

さて、今日わたしたちが目にすることができる諸侯王の印章・封泥の実物は、全部で四点ある。

①**「淮陽《わいよう》王璽」** 玉璽（覆斗《ふくと》鈕、中国国家博物館蔵）

清代の蒐集家である陳介祺のコレクションに含まれていたもの。来歴は不明。「覆斗鈕」とは覆《くつがえ》した（ひっくり返した）斗《ます》のような形の鈕で、玉や石で作られた印章によくみられる。

②**「菑川《しせん》王璽」** **封泥**（東京国立博物館蔵）

③**「河間《かかん》王璽」** **封泥**（上海博物院蔵）

②は陳介祺の、③は清代の学者呉式芬《ごしきふん》（一七九六〜一八五六）の旧蔵品である。呉式芬と陳介祺が編んだ『封泥攷略』（一九〇四）は、封泥に関する最古の研究書として名高い。十九世紀当時の学術的知見ではこれらの封泥の偽作は不可能であった（谷豊信「X線画像による楽浪封泥の研究」二〇二一）ことから、真品と判断できる。

④**「広陵王璽」** **金璽**（亀鈕、南京博物院蔵）

詳細は後述。

①「淮陽王璽」の鈕（左）と印影（右）（中国国家博物館蔵）

②「菑川王璽」封泥
（東京国立博物館蔵）

③「河間王璽」封泥
（上海博物院蔵）

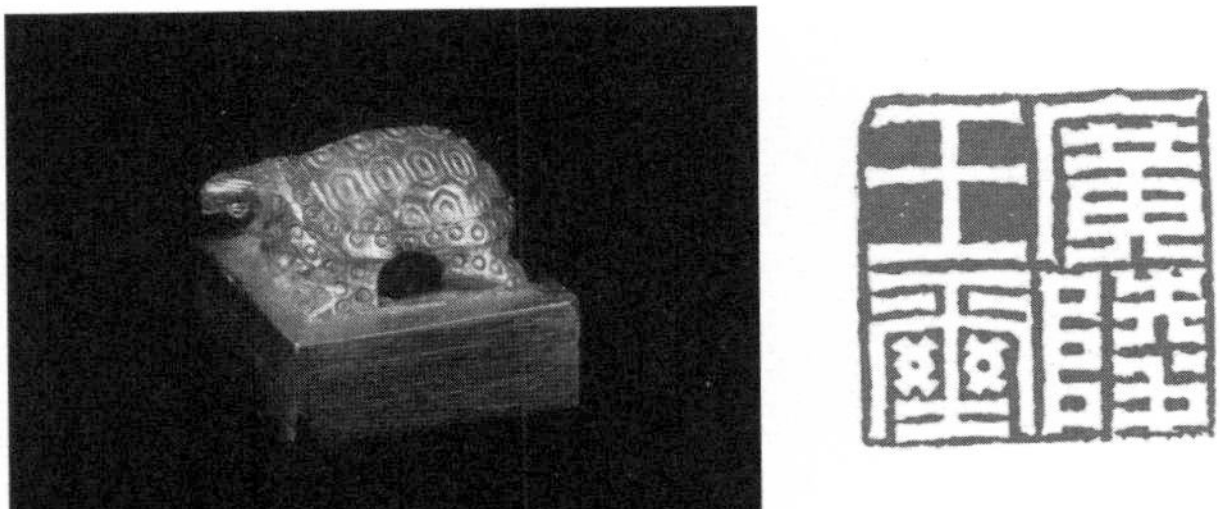

④「広陵王璽」の鈕（左）と印影（右）（南京博物院蔵）

また、以下の二点は現物が行方不明になっているが、近代の著名な収蔵家による書物に拓本《たくほん》が収められており、漢代の諸侯王印について考えるときには必ず参照される。

⑤**「東平王印」封泥**（周明泰《しゅうめいたい》『続封泥攷略』所収）
⑥**「城陽王印」封泥**（王献唐《おうけんとう》『臨淄《りんし》封泥文字』所収）

この六つが、これからの議論の糸口になる。

一見してわかるように、これらの印と封泥には、相互に嚙み合わない点がいくつかある。あるものは「璽」といい、あるものは「印」という。あるものは覆斗鈕であり、あるものは亀鈕であ

⑤「東平王印」封泥拓本（上）と
⑥「城陽王印」封泥拓本（下）
（『中国封泥大系』より）

る。このことからも、諸侯王印の制度が漢代四〇〇年のあいだに改められていたことは明らかだ。

もしここで、「同じ王朝のものなのだから、格式が違うのはおかしい。一種類だけがホンモノで、あとはニセモノだ」と怪しむ人がいたとしたら、ちょっと待っていただきたい。確かに、かつては学界でも「『漢書』百官公卿表に諸侯王は金璽だと書いてある以上、それに当てはまらない遺物は偽造品だ」式の解釈がまかり通っていたくらいだから、発想としてはわかる。しかし、いきなり極端な解釈に飛びつく前に、まずはいまある手がかりを吟味して、ほかの可能性が本当にないのか、確認してみてはどうだろう。結論はそれからでも遅くない。

広陵王璽

さて、これらの遺物・拓本のうち来歴が一番はっきりしているのは、④「広陵王璽」である。一九八一年、江蘇省揚州市の甘泉《かんせん》二号漢墓の附近で、偶然見つかったものだ。甘泉二号漢墓はこの前年に発掘調査され、そこから出土した遺物から、後漢初期の広陵王劉荊の陵墓であることが確認されたが、それ以前に盗掘を受けていた。この印も、発見時の状況より、墓が荒らされた際にたまたま周囲に残ったものとみられている。盗掘者の不注意のおかげで、貴重な遺物が闇に葬られずに済んだわけだ。盗掘というと墓のなかのものを洗いざらい持っていくように思う人もあるようだが、そんな悠長な仕事をする盗掘者はそういない。めぼしいもの、運び出せるものだけを頂戴し、さっさと失礼するというのが相場だ。だから、墓のなかに遺物が残されていたり、あたりに賊の落とし物があったりというのは、取り立てて珍しいことではない。そんなわけで、この「広陵王璽」は発掘調査によって出土したのではないものの、それに準ずる扱いを受けている。

劉荊は漢王朝を復興した光武帝の子である。はじめ山陽(現在の山東省済南《さいなん》市西部一帯)の地に封じられたが、素行芳《かんば》しからざる人物で、光武帝の死後に乱を企てたため、永平《えいへい》元(五八)年、新たに即位した同母兄の明帝によって、遠方の広陵(江蘇省揚州市)に移された。ところが劉荊はこれに懲りるどころか、人相見を呼び出して、「わしは先帝(光武帝)にそっくりじゃろう。先帝は三十歳で天下を得られた。わしもいま三十である、兵を起こしたものだろうか、どうじゃ」などと訊ねていたという。こうした振る舞いを延々と重ね、最後は自殺に追い込まれた。それに伴って、広陵王国そのものも廃止されている。

後漢時代の諸侯王は印綬追贈の対象なので、劉荊の葬礼にあたっては、彼が広陵王となった際に明帝から受けた公印がそのまま随葬されたはずだ。したがって、その陵墓から出た「広陵王璽」は、都である洛陽の工房において、永平元年に製作されたものと考えられる。よって、この印の備える諸特徴——材質が金であること、呼称が「璽」であること、鈕が亀鈕であること——も、永平元年当時の諸侯王印の格式そのものとみてよい。

永平元年の前年、すなわち光武帝の最後の年は、建武中元《けんぶちゅうげん》二(五七)年である。『後漢書』には、この年に「倭奴国王」の使者が漢に至り(光武帝紀下)、これに対して光武帝が印綬を賜った(東夷列伝)、と記されている。ここにみえる「印」こそが、「漢委奴国王」金印だとするのが通説だ。そうだとすると、「漢委奴国王」金印は「広陵王璽」の前年に、やはり洛陽の工房で作られたことになる。実際、これら二つの印には、鈕に小さな円形の魚子《ななこ》模様がほどこされていること、印台の高さが約〇・九センチメートルであること(序章参照)などの類似点がある。

「王」字の特徴

そうした類似点のうちのひとつが、「王」という文字の形だ。一世紀半ばに相次いで作られた「広陵王璽」も「漢委奴国王」金印も、「王」の三本の横画の間隔が等しくなっている。ところが、「広陵王璽」以外の五つの諸侯王印の「王」は、一番上の横画と二番目の横画の間隔が狭い。それはなぜなのだろうか。

現在のわたしたちは、「王」という字の横画を等間隔に書く。だから、「漢委奴国王」金印の「王」の形を見ても、それに意味があるとは普通考えない。ところが、本来の「王」は、二番目の横画の位置が中央より上にくるものとされていた。篆書においては、わたしたちにとって不自然に見える①「淮陽王璽」や②「菑川王璽」の「王」こそが、もとの形だったのだ。

「王」の上二画が近く書かれていた理由は、「王」によく似た「玉」という字の存在にある。現在の「玉」には点がついているが、これはのちに加えられたもので、はじめは「玉」にも点はなかった。まぎらわしいので、篆書では「王」の上二画の間隔を狭く、「玉」の横三画を等間隔にして、両者を区別していたのである。ところが、前漢時代のあいだに「王」の二番目の横画の位置が下がっていき、後漢に入る頃には横画の間隔が均等になってしまった。こうなると、「王」だか「玉」だかわからない。仕方がないので、楷書《かいしょ》では「玉」の方に点を打つようになり、それが今日の「王」と「玉」の違いになったのである。「珠」や「球」の偏の部分はもちろん「玉」を意味しており、呼び名も「たまへん」なのに点がないのは、それが「玉」字の本来の形だからだ(したがって、これを「おうへん」と呼ぶのは、厳密には誤りである)。

以上を要するに、「王」の横画が均等なら後漢以降の印、上二画が近ければ近いほど早い時期の印、ということになる。六つの諸侯王印のうち、「広陵王璽」以外の五つの「王」は上二画の間隔が近いが、それはつまり、「広陵王璽」が六つのうち一番新しいことを意味している。一方、上二画の間隔がもっとも狭いのは、先ほど挙げた「淮陽王璽」と「菑川王璽」の二つである。これらは「広陵王璽」と時代的に相当隔たっているとみなければならない。とすれば、「広陵王璽」が金質・亀鈕なのに対し、「淮陽王璽」が玉質・覆斗鈕なのも、時代差の反映である可能性が高いだろう。

「璽」字の特徴

「広陵王璽」と「淮陽王璽」の文字を比較すると、ほかにも違いがあることに気がつく。「璽」という字の形だ。

「璽」は、漢の公印においては下が「玉」ではなく「土」の形の異体字「壐」になる（後漢草創期の群雄割拠の時代、隴西《ろうせい》の隗囂《かいごう》政権において用いられた「朔寧《さくねい》王太后璽」では「璽」になっているが、これは漢の与えた印ではない）。「広陵王璽」の「壐」では、「爾」の四つのメの部分が周囲の筆画と分離し、しかも上下のメが一体化して、小さくまとまっている。まるで見開いた目のようだ。一方、「淮陽王璽」の「壐」は、メの四隅が周囲の筆画とくっついて、網目状を呈している。これは、②「菑川王璽」や③「河間王璽」とも共通する。

では、「淮陽王璽」と「菑川王璽」「河間王璽」が三つとも同時期のものかというと、そういうわけでもなさそうである。というのは、「壐」の下の「土」の部分が違っているからだ。「菑川王璽」「河間王璽」では、「壐」の「土」が左右の縦画によって囲い込まれ、上の「爾」の内側におさまっている。この点は、時代の下る「広陵王璽」の「壐」にむしろ近い。ところが「淮陽王璽」では、「土」の下の横画が左右に広がって、「爾」の部分からはみ出している。これと同じ特徴をもつのは「皇帝信璽」封泥の「壐」だが、「皇帝信璽」には漢のごく初期までに消滅したはずの田字格があるので、「菑川王璽」「河間王璽」はもちろん、「淮陽王璽」よりも古いはずだ。ということは、「淮陽王璽」は漢のかなり初期のものであり、「菑川王璽」「河間王璽」はそれよりも新しい、という想定が成り立つ。とは言っても、「菑川王璽」と「河間王璽」の「王」の上二画はかなり近接しているので、この二つも時代的にそれほど下るとは思われない。いずれも前漢の前半期に製作されたものだと考えるのが穏当だろう。

この「想定」の妥当性は、淮陽王国と菑川王国・河間王国の設置時期から確認できる。『史記』『漢書』によれば、淮陽王国（河南省周口《しゅうこう》市）は高祖の子の劉友《りゅうゆう》が高帝十一（前一九六）年に封建されたことに始まり、短期間で断絶するものの、恵《けい》帝七（前一八八）年に復活している。言い換えると、漢の早い時期に、「淮陽王璽」が製作・賜与される機会が複数回あったことになる。他方、菑川王国（山東省濰坊《いぼう》市）は文《ぶん》帝十六（前一六四）年の建国、河間王国（河北省滄州《そうしゅう》市）は文帝二（前一七八）年に置かれるものの一〇年あまりで絶え、景《けい》帝二（前一五五）年に改めて設けられている。したがって、「菑川王璽」「河間王璽」と「淮陽王璽」は、最短でも一〇年程度、長く見積もれば四〇年以上の差があることになる。この時間差が「璽」字の違いに影響しているとみることは十分可能だ。

右のように考えると、「淮陽王璽」は高祖あるいは恵帝の時代のものだということになる。その材質が玉、鈕が覆斗鈕ということは、漢初の諸侯王印は金璽でも亀鈕でもなかった、と考えられる。ただし、前述の通り「淮陽王璽」は来歴が不明なので、速断は禁物である。この点については、のちほど別の角度から改めて検討しよう。

「東平王印」と「城陽王印」

ここまでの考察により、六つの諸侯王印のうち四つまでは、遺物そのものの特徴に基づいて、おおよその時代を推定することができた。では、残る⑤「東平王印」と⑥「城陽王印」はどうだろうか。

「王」字の特徴からみて、これらは「淮陽王璽」はもちろん、「菑川王璽」「河間王璽」よりもあとのものである可能性が高いが、「広陵王璽」よりは古いはずだ。ということは、前漢の半ば以降かつ後漢初期以前のものでないと、ほかの遺物と整合しないことになる。

ここで決定的な手がかりとなるのが、東平王国の建国時期である。前漢の東平王国（山東省済寧市）は宣帝の甘露《かんろ》二（前五二）年に宣帝の子劉宇《りゅうう》が封建されたのが始まりで、それ以前には存在していない。よって、この「東平王印」が宣帝期より古いことも決してあり得ない。とすると、宣帝期あるいはそれ以降に、諸侯王印の呼称が「印」とされていた時期があったこともほぼ確かである。一方の城陽王国（山東省日照《にっしょう》市西部一帯）は文帝期まで遡るので、「城陽王印」は「東平王印」ほど年代を絞りこむことはできないが、前漢末まで存続した国だから、諸侯王印の呼称が「印」に変更されたときに「城陽王印」が新たに与えられたことも疑いない。この封泥は、その印を押したものであろう。ちなみに、現存する「長沙王印」それ自体は模造品であるらしい(そもそも一辺一・六センチメートルという印面のサイズからして漢の公印の規格と合致しない)が、そのモデルとなる印が出土したとされる桃花嶺《とうかれい》漢墓も、「一二一・一二九」事件後の発掘調査の結果、宣帝期から前漢末にかけてのものと推定されている。

以上を総合すれば、前漢の半ば頃のある時点において諸侯王印の呼称が「璽」から「印」に改められ、明帝即位以前のどこかの段階でそれが「璽」に戻されたのだということになる。だから、六つの諸侯王印のうちに「璽」と「印」が混在しているわけだ。遺物の特徴や王国の存在時期から合理的に考えてこのように判断できるのなら、どちらか一方をニセモノ扱いする必要もなくなるだろう。

ただ、遺物から復元できることは、これが限界だ。封泥からは印の材質や鈕形は判別できないから、封泥(の拓本)しか残されていない前漢後期の諸侯王印の格式は呼称以外わからないし、遺物は制度変更が行われた年まで語ってはくれないので、「璽」から「印」へ(またはその逆)の変化がいつどのようにして起こったのかも、この方法では明らかにできない。そこで、今度は文献の出番になる。

漢初の諸侯王の玉璽

漢初の諸侯王印の格式を直接伝える文献や出土文字資料は、いまのところ存在していない。その一方で、公印だけではない漢初の制度一般についての話として、文帝〔高祖の子で、高祖の死後に実権を握った呂后亡き後、群臣に迎えられ皇帝となった〕に仕えた賈誼《かぎ》という学者が、こんなことを書き残している。

諸侯王の宮殿に仕える衛士の立ち居振る舞いに問題があれば、皇帝の宮殿の法に従って裁く。〔諸侯王の宮殿に仕える〕近臣が休暇を願い出れば、皇帝に仕える者の法に従って与える。諸侯王に仕える者に不正があれば、皇帝に仕える者の法に従って罰する。〔漢も諸侯王国も〕同じく漢の法を用いているので、諸侯王に仕える〔者に求められる〕ことは、つまり漢に仕える〔者に求められる〕ことなのである。要するに、諸侯王はとりもなおさず皇帝と等しいものなのだ。こんなふうでは、皇帝と諸侯王の関係も、皇帝の臣下と諸侯王の臣下の関係も、まったく同じになってしまう。

皇帝の相〔補佐役〕は丞相といい、その印は黄金印である。諸侯王の相も丞相といい、やはり黄金印である。つまり同じ身分である。皇帝の列卿〔大臣〕は秩二千石で、諸侯王の列卿も秩二千石である。つまり同じ身分である。……臣下の構成が同じなのだから、法ももちろ

ん同じになる。……これでは誰が君主で誰が臣下なのかわからない。(『新書《しんじょ》』等斉《とうせい》篇)

漢も諸侯王国も、ともに漢の法を用いている。彼らはみな、同じ天下を共有する「共天下」秩序(第二章)のなかにある国々だったからだ。漢の法は、皇帝を頂点とするかたちでつくられている。それと同じ法が諸侯王国の法としてそのまま用いられると、それぞれの国内では諸侯王が皇帝と同じ扱いになる。もちろん官僚機構も位階標識も例外ではなく、漢でも諸侯王国でも同じ制度が通用している。しかしこれでは皇帝と諸侯王が同格になってしまい、上下のけじめがつかないではないか、というのが賈誼の問題提起である。漢初の諸侯王国の官制が漢と同じものであったことは研究者のあいだでは常識だが、賈誼に言わせれば、制度の根拠となる法そのものが同じなのだから、そうなるのは当たり前だというわけだ。これに従うと、ほかの諸制度や位階標識と同じく、諸侯王の印章もまた皇帝の印章と同じ格式であった、と考えざるを得ない。

とすると、「淮陽王璽」が螭虎鈕ではなく覆斗鈕である点が問題になる。なぜなら、第二章でみた通り、漢の皇帝璽の鈕は螭虎鈕であったとされているからだ。同様に、「淮陽王璽」が(玉璽ではあるものの)白玉璽ではない点や、印面が「皇帝信璽」より小さい一寸四方である点についても説明が必要だろう。諸侯王の公印は衣服や車駕《しゃが》などとは異なり、任命時に漢が与えるものであったから、ある程度の差がつけられたのかもしれないが、それなら賈誼がそのように言いそうなものである。それよりは、この印は来歴が不確かだからニセモノだ、とする方がずっとシンプルでわかりやすい。

ただ、仮にこれが陳介祺の生きた清末の偽造品だとして、諸侯王印は金璽だとする『漢書』百官公卿表の記載と合致しない玉質の諸侯王印をわざわざ作るだろうか。『漢書』百官公卿表の印綬に関する記載は、前漢時代の制度を考えるとき誰もが真っ先に参照する、もっとも重要な基本情報だ。それに沿うように作ってこそ、信用もされ高値もつくというものである。よってここは逆に、広く知られる『漢書』の制度と合わないからこそこの印が偽造品である可能性は低く、むしろ漢初の諸侯王印の実態を示しているのだと考えておきたい。その前提に立ったうえで、当時は皇帝と諸侯王の制度上の位置づけが等しかったという賈誼の言を思い返すなら、皇帝璽も当時は覆斗鈕であったとみなすのがもっとも自然な解釈だ（王献唐「臨淄封泥文字叙」一九三六や小林庸浩〈斗𥁕《とあん》〉「漢代官印私見」一九六七も同じ立場）。「淮陽王璽」が白玉璽でない点についても、秦の皇帝璽が玉製だったと伝える文献はあるが、「白」玉製と明言されるようになる記事は前漢末にならないと出現しない（衛宏『漢旧儀』）ので、特別視するにはあたらない。

すると唯一動かし難い違いは、「淮陽王璽」の方が「皇帝信璽」より小さいという点だけになる（ただし、「皇帝信璽」封泥の印影には田字格があり、これはこれで秦代の作なのか漢のごく初期のものなのかわからないという別の問題がつきまとうが、いまはひとまず措く）。このことに関連して、当時まだ匈奴に服属していた漢初の皇帝が匈奴単于と文書を取り交わす際、単于は皇帝よりもひとまわり大きい簡牘や封印を用いていたと伝わる(『史記』匈奴列伝)。この逸話は、封泥に押捺して用いる印章の場合、材質をよくすることよりも印面を大きくすることの方が、上位者の優越性の表現としては有効だったことを示している。ということは、「皇帝信璽」と「淮陽王璽」の印面の大きさの違いにこそ、漢が「共天下」の盟主であるという当時の時代状況が反映されていたとみることができる。とはいえそれは、「皇帝の印章だけを璽と称し、かつ玉製にし、群臣は決して(璽と呼ばれる印章や玉製の印章を)用いなかった」(『漢旧儀』)という秦の制度とは明らかに異なる、もっと控えめな「優越性の表現」だし、この点を除けば、漢初の皇帝璽と諸侯王印のあいだに明確な差は見出せない。諸侯王印だけでなく、皇帝璽の制度もまた変化していたのである。

紫色の封泥

漢初の諸侯王印の格式の高さについて考えるとき、ひとつ気になるのが、「菑川王璽」「河間王璽」両封泥の色の問題だ。若干横道にそれる感もあるが、ここまでの話から諸侯王印に関連する遺物や封泥のことにご関心をもたれ、実物をご覧になる方がおられるかもしれないので、簡単に言及しておく。なお、「菑川王璽」封泥や「皇帝信璽」封泥については国立文化財機構所蔵品統合検索システム(ColBase)から、「河間王璽」封泥は上海博物館の公式ホームページから、高精細のカラー写真に容易にアクセスできる。

この二つの封泥はいずれも、ほかの封泥に類をみない見事な紫色を呈している。元をただせば乾燥した粘土の塊にすぎないのだが、印影の整った文字と相まって、何とも形容しがたい美しさがある。ただし色味は異なり、実物を間近に見ると、「菑川王璽」は鮮やか、「河間王璽」は深みがある。同じ粘土ではないようだ。だからこそ逆に、紫色の粘土を選んでくるところに意味があったのではないか、と考えたくなる。

後漢はじめの衛宏《えいこう》が前漢時代の諸制度を記した『漢旧儀』には、皇帝璽の封泥に「武都《ぶと》の紫《し》泥《でい》」を用いるとある。『漢旧儀』にみえるのは原則として前漢末の制度だし、そもそも武都郡(甘粛省隴南市《ろうなんし》)は武帝の元鼎《げんてい》六(前一一一)年に置かれた郡なので、「武都の紫泥」という定めも武帝期より遡ることはないはずだ。言い換えると、紫色の封泥はのちに皇帝によって独占されるようになるものの、漢初にそのような決まりはまだなかった、ということになる。「菑川王璽」や「河間王璽」に用いられた粘土が地理的にかけ離れた武都で産したものとは考えにくいが(ただし、これらの封泥が長安で使用されて、文書あるいは物資とともに発見地へと送達されたものであれば、可能性がまったくないとは言えない)、武都のものであろうとなかろうと、その美麗さからは、紫色の封泥を皇帝専用とした人々の気持ちが何となく想像できる。

武帝期あるいは前漢後期のある時期以降、諸侯王が紫色の封泥を使用できなくなったのだとすると、紫色の「菑川王璽」封泥や「河間王璽」封泥はそれより以前の遺物ということになる。印章の製作時期が封泥の使用時期よりも下ることは当然あり得ないから、「菑川王璽」「河間王璽」が作られたのも武帝期以前のことだと考えるのが自然だ。もっともこれは単なる状況証拠でしかないので、まあそんな話もあるのか、くらいに捉えておいていただきたい。

文帝・景帝期の状況

さて、漢初の諸侯王印は玉璽・覆斗鈕で、皇帝璽と同格であったのだとすると、それはいつ、どうして「印」になったのか。その点を考えるためには、文帝期から景帝期にかけての時代状況を承知しておく必要がある。

皇帝と諸侯王の地位が事実上等しいことを問題視した賈誼は、先ほど紹介した一節に続けて、こんな主張を展開している。

> 人間というものは、中身にしろ外見にしろ、みな同じようなものだ。貴賤《きせん》の区別にしても、中身や外見がそれを決めているわけではない。だから、等級とか衣服とかに違いを設けて、貴賤・尊卑のけじめをつけるのだ。(『新書』等斉篇)

始皇帝の死後、秦に叛旗をひるがえした陳勝《ちんしょう》が、「王侯将相、いずくんぞ種あらんや」と唱えたことはよく知られている。人の身分に出自は関係ない、という意味だ。賈誼の生きた時代は、それから二、三〇年くらいしか経っていない。当時の漢では、高祖の天下取りに貢献した荒くれ者たちが幅をきかせていて、陳勝のような考え方がまだ一般的だった。賈誼もそれと同じ立場に立ったうえで、「人の身分に出自は関係ないからこそ、身分の差を制度的にはっきり区別してやらないと、上の者が下の者をコントロールできず、世のなかが治まらなくなる」と言っているわけだ。行動規範(礼)によって上下秩序を律するというのは儒学に典型的にみられる発想だが、儒学の権威がすでに確立されていた成帝の時代とは異なり、文帝期には「儒学の経典にこうあるから」という理由でみなが納得するような状況になってはいなかった。賈誼自身も別に儒学を重んじていたわけではなく、この時代の社会を秩序づけるには儒学の発想が有用だから、それを支配の手段として部分的に利用しよう、と提案しているにすぎない。ただ皇帝でありさえすれば誰もが黙ってついてくるというような状況ではないからこそ、衣服のような位階標識が大事だという理屈は、漢初の時代状況を考えるうえで興味深い。

そもそも文帝は、高祖亡きあと力をふるった呂后が没し、呂氏一族やその関係者が排除されるなかで、高祖を継いだ恵帝の系譜が絶えたために、当時存命中だった高祖の最年長の子として、北方辺境の代《だい》王が高祖の功臣たちに招かれて即位した皇帝だった。「当時存命中だった」「最年長の」という点が重要で、すでに没していた高祖の長子（斉悼恵《とうけい》王劉肥《りゅうひ》）には多くの男子がいたし、文帝の弟（淮南厲《れい》王劉長《りゅうちょう》）も健在だったから、なぜ文帝が、と考える諸侯王は少なくなく、斉王家には実際に反乱を起こす者もいた。このあとさらに時間が経過して、漢も諸侯王国も代替わりしていけば、皇帝と諸侯王の血縁関係はどんどん疎遠になり、高祖の妻だの年長の子だのと、高祖とのつながりを強調して周囲を服従させることもできなくなる。そうした危機感のもと、文帝期には諸侯王をコントロールする方法が議論の的となった。

賈誼だけでなく、さまざまな学者が新しい礼制の確立を唱えたことから、そのための検討が進められたが、うまくいかなかった。法の規制によって諸侯王を抑えつける試みもなされたが、それはかえって諸侯王側の憤激《ふんげき》を買った。帝位を逃して鬱屈した淮南王を文帝が死に追いやるかたちになったことも、災いの種となった。そうこうしているうちに文帝は世を去り、太子が跡を継いだ（景帝）が、先帝の子が呂后のような特別なバックアップをもたずにすんなりと即位するような帝位継承はそれまで例がなかったうえ、景帝個人にもかねて諸侯王の恨みを買うような振る舞いがあったことから、ほどなくして呉王国（高祖の兄の国）・楚王国（高祖の弟の国）といった高祖の直系と疎遠な大国や、帝位継承で遺恨《いこん》のあった斉王家出身の諸王が叛《そむ》き、大規模な反乱となった（呉楚七国の乱）。これはかろうじて鎮圧され、のち景帝中五（前一五四）年には諸侯王国の人事に漢が介入するという画期的な制度改革がなされたが、それでもなお、国内の官吏を任命する際

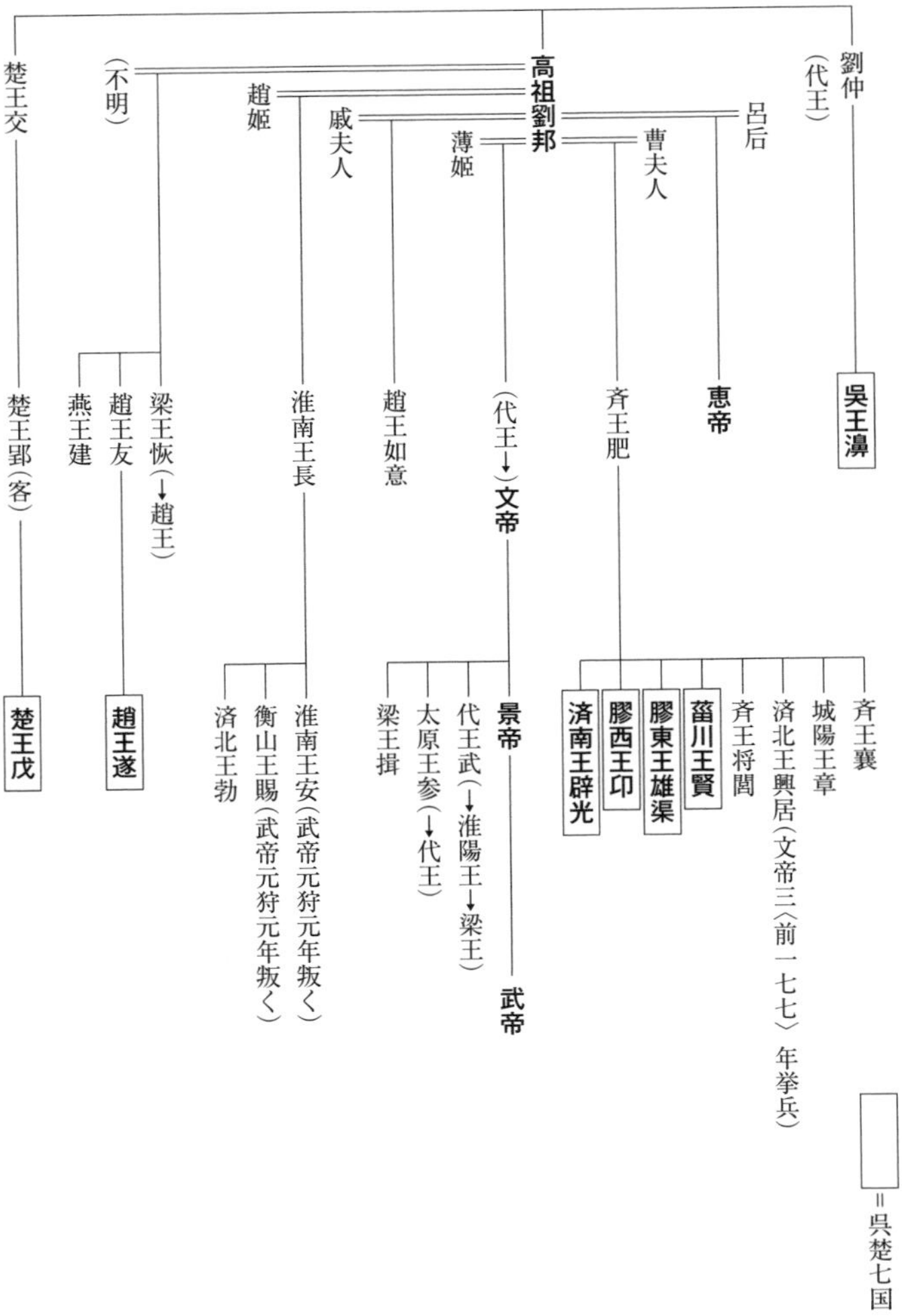

劉仲（代王）
吳王濞
呂后
恵帝
曹夫人
斉王肥
高祖劉邦
薄姫
（代王→）文帝
戚夫人
趙王如意
趙姫
淮南王長
（不明）
梁王恢（→趙王）
趙王友
燕王建
楚王交
楚王郢（客）
楚王戊
趙王遂
斉王襄
城陽王章
済北王興居〈文帝三〈前一七七〉年挙兵〉
斉王将閭
菑川王賢
膠東王雄渠
膠西王卬
済南王辟光
景帝
武帝
代王武（→淮陽王→梁王）
太原王参（→代王）
梁王揖
淮南王安（武帝元狩元年叛く）
衡山王賜（武帝元狩元年叛く）
済北王勃
＝呉楚七国

漢初系図

に与える印章の製造・発給権は王国側に残った。つまり、漢が諸侯王国の人事に口出しすることは可能になったものの、実際の任命を行うのは、依然としてそれぞれの諸侯王であったわけだ。それでは、漢が人事を介して諸侯王国を意のままに制御することはできない。そして、それからわずか四年ほどで、景帝はまだ少年だった太子を残して崩じたのだった。

武帝元狩二年の印制改革

こうした状況に変化が生じたのは、武帝の時代である。

武帝は景帝の子で、即位したときはまだ十六歳だった。はじめは外戚が実権を握っていたうえ、世継ぎになかなか恵まれなかった。文帝の血統にもっとも深い遺恨をもつ淮南王家出身の諸王は、呉楚七国の乱のとき若年だったため挙兵に加わらず、このときまで命脈を保っていた。なかでも厲王の長子であった淮南王劉安《りゅうあん》は、武帝よりも年上で学もあり(劉安は、漢初に優勢だった道家系統の思想を主軸に当時の学問を集大成した『淮南子《えなんじ》』の編者でもある)、武帝が早世すれば次はと期するところがあったという。

若き武帝は、北方辺境の代王国にあって匈奴の侵攻に苦しんだ祖父(文帝)の宿願を継ぎ、匈奴単于を闇討ちにしようとしたものの失敗し、匈奴との全面戦争に巻き込まれていった。折から黄河が下流域で大決壊し、広範囲にわたって何年も農地が水浸しになり、多くの諸侯王国が苦しん

武帝期初期～中期年表

元号	西暦	出来事
景帝後元3	前141	武帝即位
武帝元光1	前134	北方の防衛を固めるが、中止
		旧呉楚七国の関係者の赦免を進める
元光2	前133	馬邑の役。匈奴単于を取り逃がし、匈奴と漢の関係悪化
元光3	前132	黄河、瓠子で決壊。20年以上続く大洪水の開始
元光6	前129	匈奴来寇、漢も応戦。第一次対匈奴戦争開戦
元朔1	前128	戻太子（衛太子）出生
元朔2	前127	匈奴からオルドスを奪取
		推恩の令
元狩1	前122	淮南王・衡山王の謀反（失敗）
元狩2	前121	江都王謀反（失敗）
		印制改革。諸侯王の金印への降格、漢の印制を天下に適用
元狩4	前119	関東の貧民70万人をオルドスに移す
		匈奴北去、第一次対匈奴戦争終息へ
		塩鉄専売開始
元鼎3	前114	函谷関を東に移す
元鼎4	前113	南越、漢に服属
		年号制度を定める（異説あり）
元鼎5	前112	酎金律（金の献上の規定）に触れた列侯国100余を取りつぶす
元鼎6	前111	南越滅ぶ
		夜郎国、漢に服属
元封1	前110	泰山封禅（第1回）
		閩越（東越）滅ぶ
元封2	前109	黄河の決壊部が修復され、大洪水終わる
		滇国、漢に服属
元封3	前108	衛氏朝鮮滅ぶ
太初1	前104	泰山封禅（第4回）
		太初改暦。諸侯王紀年の否定。正月が年頭に。**五字印制導入**
		第二次対匈奴戦争開始

でいた。漢はダメ押しをするように、推恩《すいおん》の令（諸侯王国の領地を王子たちに分割相続させ、王位を継がなかった子を漢の列侯として漢の統制下に引き入れる法）をうち出して諸侯王を牽制したうえで、諸侯王に対匈奴戦争への協力を求めた。しかし淮南王は非協力的な態度をとり、漢と淮南王家の関係は著しく悪化した。

やがて淮南王やその弟の衡山《こうざん》王らは、匈奴と戦う漢の背後を突くべく挙兵をはかったが、その頃漢はすでに匈奴を北に追いやりつつあり、淮南王側にとって不利な情勢となった。進退窮《きわ》まった淮南王・衡山王は武帝元狩元（前一二二）年に自殺し、この直後から武帝は東方の諸侯王の権限回収に本格的に乗り出していった。その過程において、元封《げんぽう》元（前一一〇）年、天下の平定を天地の神に報告する封禅《ほうぜん》の儀式が東方の泰山《たいざん》（山東省泰安《たいあん》市）において挙行された。司馬遷はこの封禅を、「海内一統《かいだいいっとう》（天下統一の意）」を象徴するイベントとみなしている（『史記』太史公自序）。のち、前一〇四年の太初《たいしょ》改暦によって諸侯王独自の紀年が否定されたこと（後述）で、「海内一統」のプロセスは一応の完成をみる（平勢隆郎『中国古代紀年の研究』一九九八、辛徳勇《しんとくゆう》『建元与改元』二〇一三）。

武帝が諸侯王の権限を奪う際、真っ先に手をつけたのが、景帝のときから懸案となっていた人事権だった。その回収は、諸侯王国から公印の製造・発給権を取り上げるというかたちでなされた。淮南王・衡山王の死の翌年に出された命令の内容はこうだ。

武帝の元狩二〔前一二一〕年、通官印の大きさを方寸〔一寸四方〕、小官印〔の幅〕を五分とした。諸侯王・三公・列侯の印章を金印、秩二千石の印を銀印とし、いずれも亀鈕とした。（『漢官儀』）

「通官印」とは一般的な公印のこと。「小官印」とは地位の低い役人が用いる、幅が通常の公印（一寸）の半分（五分。約一・二センチメートル）である縦長の印章のことで、通常は「半通印」と呼ばれる。公印や半通印の大きさの規格が漢初からこのかたちに定まっていたことは遺物から判明しているが、それを漢の建国から八〇年も経った時点でわざわざ宣言したのは、漢の中央政府が製造して下げ渡す統一規格の印章が、諸侯王国を含む天下のあらゆる地域で通用することを再確認するためだったと考えられる（またこの頃、新しい形式の封泥匣の使用が始まった形跡もある）。これ以降、漢が諸侯王国に公印の製造を許さなくなったことは、前一二九年の楚王陵である北洞山漢墓（第一章参照）から多くの王国官僚の公印（の模造品）が出土したのに対し、前一一三年の満城《まんじょう》漢墓（河北省保定《ほてい》市。劉備の祖先とされる中山靖《ちゅうざんせい》王劉勝《りゅうしょう》の陵墓）よりあとの諸侯王墓からはそうしたものが出土しないことからも明らかである。

諸侯王が公印を国内で製作できないということは、言うまでもなく、王国の官僚を自身の手で任命できないことを意味する。この年をもって、諸侯王国の人事権は漢の手へと完全に移り、諸侯王国は漢に任命された官僚に支配されるようになったのであった。

諸侯王の「金印」化と亀鈕の正式導入

元狩二年の印制改革によって諸侯王が奪われたのは、人事権だけではない。「諸侯王……の印章を金印……とした」という一節は、このとき下された命令によって、諸侯王印が金質の「印」になったという意味である。ということは、「淮陽王璽」や「菑川王璽」「河間王璽」のような「璽」が、「東平王印」「城陽王印」の「印」に改められたのは、武帝元狩二年のことであったと理解できる。しかも、呼称が「璽」から「印」に引き下げられただけでなく、材質までもが玉から金に格下げされていたというのである。この点は、「東平王印」「城陽王印」の封泥拓本ではわからなかったことだ。この改制の結果として、諸侯王の印章は漢の国内諸侯である列侯の印章と同等になったというのだから、穏やかではない。

皇帝と諸侯王のあいだの「貴賤・尊卑のけじめ」をつけるために、諸侯王の位階標識を皇帝よりも低いものにするというのは、当時の趨勢《すうせい》からいって、諸侯王たちにもやむを得ないことと受け止められただろう。しかし、その結果として列侯並みの金印にされたのでは、今度は諸侯王と列侯の「貴賤・尊卑のけじめ」がつかなくなる(ただし、綬については緑綬と紫綬の区別があり、朝位の上下関係は維持されていた)。あまつさえ、国の独立性を維持するためにもっとも大切な人事の権限を取り上げられるのである。この改革が諸侯王にとって相当な屈辱であっただろうことは、想像に難くない。いくら匈奴との戦況が漢にとって優位になりつつあったとはいえ、目の上のたんこぶの淮南王が生きていれば、武帝とてこんな思い切ったことはできなかったはずだ。逆に、これをやるならば、匈奴を退け淮南王を葬り去ったこのタイミングを逃す手はない。――当時の時代背景を詳しく知ることで、無味乾燥な『漢官儀』の一節から、漢と諸侯王国の周到な駆け引きがひしひしと伝わってくる。

他方、もうひとつ注目に値するのが、「亀鈕とした」という部分だ。漢の公印の鈕形については、元狩二年に金印・銀印が亀鈕となったことを伝えるこの記録が内容的にはもっとも古く、これ以前の時代の状況を文献や出土文字資料から確認することができない。漢初の亀鈕印はいくつも出土しており、諸侯王国や列侯国において作られたものを除いても、景帝期までに亀鈕の金印が漢の国内で使われていたことはほぼ確かだが、全ての金印・銀印がもれなく亀鈕であったのか、あるいは一部だけの特例であったのか、またいつ頃から亀鈕が用いられるようになったのかなど、詳しいことはまだ明らかにされていない。技術的なことだけを言えば、漢の建国当初にも亀の形の鈕を製作すること自体は当然できたはずだが、戦国諸国の公印の作例からみて、亀を鈕にあしらう習慣が古くから普及していた形跡はない。恐らくは武帝期にかけて段階的に広がり、元狩二年の印制改革において統一規格として取り入れられたのだろう。それに伴い、諸侯王印の鈕も、覆斗鈕から亀鈕になったのではなかろうか。

だとすると、皇帝璽の螭虎鈕も、それと前後して現れた可能性が出てくる。もちろん、「貴賤・尊卑のけじめ」をつけるためだ。螭虎鈕に関しては、皇帝璽以外の類例としても、満城漢墓出土の無字玉印(随葬用のもの)が最古であり(次章で言及する南越印を除く)、元狩二年以前から存在していた様式なのかは、文献だけでなく遺物からも確認できていない。もちろん、元狩二年より前から皇帝璽が螭虎鈕であったと考える余地もなくはないが、その根拠がいまのところ存在しないことには注意が必要だ。現在わたしたちに残されている手がかりから言えることは、「元狩二年に亀鈕が正式に導入される以前には、螭虎鈕が存在した痕跡もないので、それまでは皇帝璽も諸侯王印と同様に覆斗鈕であった可能性を否定できない」というところまでである。

ひょっとすると、元狩二年の印制改革における諸侯王印の亀鈕化は、漢が動物鈕の制度を正式採用するなかで生まれた「動物による位階表示」の一環だったのかもしれない。仮にそうだとした場合、本書序章の冒頭で紹介した「猛々しさによって群臣を抑えつける」(螭)虎鈕を君主の象徴とし、「成果を挙げれば身を引く」亀鈕を臣下の象徴とする考え方の大本も、元狩二年に定まったことになる。

大鴻臚の設置と諸侯王

元狩二年の印制改革によって諸侯王国が漢に屈服させられたあと、武帝は東方を組み込んだ新たな体制づくりに着手する。人事や相続への介入という間接的なかたちで干渉するだけでなく、諸侯王国の経済にも直接手を入れ、元狩四(前一一九)年には塩や鉄の専売制を開始して、製塩で利益を上げていた諸侯王国の経済基盤を奪うとともに、武器原料となる鉄の流通に国家が直接関与することで、諸侯王の抵抗力を削いだ。さらに、銭以外の物資の流通に国家がかかわる平準法、物資を地方間でも融通し合えるようにする均輸法を立て続けに施行した。このようにして、それまで漢と諸侯王国によって分断されていた「天下」の経済は、ひとつの大きなネットワークにつくり変えられた。

その総仕上げとして太初元年に行われた改暦および官制改革は、さまざまな方面に影響を与えた。なかでもとくに諸侯王の位置づけと大きくかかわるのが、大鴻臚《だいこうろ》の設置である。漢初において、諸侯王の接待を掌《つかさど》っていたのは、典客《てんかく》という官職だった。その名も「客を典《つかさど》る」というくらいだから、諸侯王は臣下というよりはむしろ客人であったわけだ(秦の法律では、異国から秦にやってきた者を「客」という。工藤元男「睡虎地秦墓竹簡の属法律をめぐって」一九八四)。また『漢書』百官公卿表によれば、典客が担当するのは諸侯王だけでなく、「帰義蛮夷《きぎばんい》」も同じく典客の担当であったという。帰義蛮夷とは、一定の自立性を保ちながら漢に帰服する異民族集団のことで、いわば漢の衛星国のような存在である（これに対し、漢に服属して国内に取り込まれ、直接支配を受けた異民族集団を「蛮夷降者《ばんいこうしゃ》」という。熊谷滋三「前漢における「蛮夷降者」と「帰義蛮夷」」一九九七）。つまり、諸侯王ははじめ、帰服した異民族集団と同等の、高い自立性をもつ存在と認識されていたのである。

典客は景帝中六（前一四四）年に大行令《たいこうれい》と改称される。「大行」は『周礼』にみえる賓客《ひんきゃく》接待の官職なので、この時点では諸侯王がまだ客扱いされていたのだろう。ところが、元狩二年の印制改革を経て、武帝の太初元年に至り、大行はさらに大鴻臚と改められる。「鴻臚」とは「鴻声臚伝」、つまり鴻《おお》（大）きな声で臚伝《ろでん》する（＝上の者の言葉を下の者に言い聞かせる）役職という意味で、職務内容こそ依然として来訪者の接待だが、その官名のうちには、目上の漢が目下の国からの使節を相手してやるというニュアンスが含まれる。しかも、このときは官名が変更されるにとどまらず、大鴻臚の所管対象に列侯が含まれるようになった。諸侯王はもはや客ではなくなり、列侯と同じ国内諸侯として、漢より目下の存在へと位置づけ直されたのである。

この年、年初の十月には武帝にとって四回目の泰山封禅が行われ、五月にはそれまで用いられていた秦の暦（年頭は十月）に代えて、漢の新しい暦（年頭は正月）が施行された。それと同時に、国ごとに異なっていた年の数え方（漢では皇帝の年号を用い、ほかの国ではその国の王の在位年を基準に「某王の某年」などとする）を、漢の方式に統一することも再確認された。公印の印文の文字数が五字になったのもこのときである（序章参照）。そのうえで、八月には武帝自ら安定《あんてい》（寧夏回族自治区固原市《ねいかかいぞくじちくこげんし》）に行幸して武威を示し、将軍李広利《りこうり》の軍勢が汗血馬《かんけつば》を得るべく大宛《だいえん》（フェルガナ）に向けて出撃した。この第二次対匈奴戦争はさんざんな結果に終わるし、これ以降の武帝末期が巫蠱《ふこ》の乱をはじめとする陰惨なできごとの連続であったことを思えば、「太（大）いなる初め」という年号は皮肉にも聞こえるが、独自紀年の否定や大鴻臚の設置によって諸侯王の国内諸侯化が名実ともに成ったことを考えるなら、太初元年は漢が統一国家として再スタートを切った年であったと言える。

後漢初期の諸侯王と「金璽」

武帝の「海内一統」の完成が匈奴との再戦とセットであったことからもわかる通り、武帝は漢を中心とした経済・人事のネットワークを構築して新たな統一国家を創り上げ、その力を総動員して大事業を行うことには注力したが、統一国家を安定的に持続させる制度を構築するには至らなかった。それどころか、広大な統一国家のなかにある地域的な多様性に十分に配慮せず、諸制度の画一化を進めたため、武帝の政策は現実に合わないとの不満が地方、とりわけ東方地域から出るようになった。そこで懸案とされたさまざまな問題を解決するために、中央集権と地方分権を巧みに両立させたシステムが「擬制的封建」だったことについては、前章で詳しく説明した通りだ。

前漢末、ことに平帝期の改革を推進した主役である王莽は、やがて漢の皇帝の位を奪って自身がその位に就き、新を建てた。新の皇帝となった王莽は、それまで以上に儒家的な復古政策を濫《らん》発《ばっ》し、古い時代のかさばって扱いづらい貨幣を復活させるとか、全国の地名を一斉に改めるとかいうことをやり始めた。地名の改変の背景には同名異地の解消という狙いがあったなどとも言われるように、王莽には王莽なりの考えがあったものらしいが、それにしても性急かつ大胆だったため、やがて社会的混乱などのデメリットの方が、改革によって生ずるメリットを上回るようになってしまったらしい。とりわけ対外政策にしくじったこと(第五章で後述)は致命的で、外敵と内乱に対応しきれなくなり、新は一五年で滅んだ。

反乱勢力のなかで頭角を現した漢室の末裔《まつえい》にあたる劉秀《りゅうしゅう》は、皇帝となって漢を再興し(光武帝)、諸侯王の制度も復活させた。はじめは光武帝の近親者だけでなく、縁の遠い劉氏をも諸侯王としていたが、やがて光武帝は諸侯王を一時的に格下げし、近い親族を「公」に、疎遠な諸王を列侯に落とした。そのうえで息子たちを公に封建し、のち公だけを一斉に諸侯王に昇格させて、皇帝の近親者が諸侯王として皇帝を支える体制をつくり上げた(鎌田重雄『秦漢政治制度の研究』一九六二)。この一連の流れのポイントは、近親者のみをセレクトして諸侯王にし、血縁の離れた者を列侯として退けたところにある。にもかかわらず、諸侯王も列侯も同じ金印にしたのでは、制度改変の目的とのあいだに矛盾が生ずる。そこでは半ば必然的に、諸侯王印の金印から金璽への昇格が議論されることになったはずだ。『東観漢記』百官表が「光武帝は諸侯王をふたたび置いて金璽とした」と述べるのは、それを指しているものと考えられる。

後漢の初期に諸侯王がクローズアップされるようになったことには、もちろん理由がある。前章でみたように、このときにはすでに「擬制的封建」が完成していたから、中央政府の目が諸侯王国内にまで行き届くようになっていたし、後漢は郡や諸侯王国から軍事力を取り上げたので、諸侯王の反乱を警戒する必要もなかった。その一方で、第二次君臣関係とか「孝」とかいった人と人の関係が重視され、支配システムに組み込まれてさえいた当時の社会においては、皇帝が近親者を大切にする姿とか、皇帝が王たちの支持・同意を得ている様子をアピールすることが、皇帝支配を固めるうえでは重要だった。そうした状況下では、たとえ人事権も軍事権も失った骨抜きの封建諸侯であっても、「皇帝を支える」ためには不可欠だった。皇帝が諸侯王を引見して表面上厚遇し、諸侯王が皇帝の行う各種の儀礼や祭祀に陪席《ばいせき》すれば、それだけでもパフォーマンスとしては十分だったのである。のみならず、皇帝家の直系が絶えた場合に継承者を確保するためにも、皇帝の血縁者を特別な身分に置いておくことには意義があった(これは杞憂《きゆう》ではなく、後漢中期以降になると、傍系《ぼうけい》からの即位が頻発した)。こうした背景のもとで生まれたのが、「親親主義」—「血縁」を強調する赤綬である(第二章)。諸侯王の金璽にも、それと似た意味あいが含まれていたのだろう。
ただし、このとき諸侯王印の呼称は「璽」になったものの、鈕を螭虎鈕にするわけにはいかない。螭虎鈕は、「その猛々しさによって群臣を抑えつける」君主の鈕だからだ。そこで前漢後期の亀鈕がそのまま据え置かれ、結果として生まれたのが、金璽・亀鈕という新しい格式だった。まさにその実例こそが「広陵王璽」だ。それに少し遅れて『漢書』を著した班固《はんこ》は、諸侯王の金璽を漢初からの制度とみなして（あるいは、まさか漢初の諸侯王の「璽」が玉製であったとは思わず、単純に誤解して）、『漢書』百官公卿表に「諸侯王は金璽」と書いたのだと考えられる（この点を含め、『史記』『漢書』の諸侯王印関連記事がもつ問題に関しては、阿部幸信「漢帝国の内臣‐外臣構造形成過程に関する一試論」二〇〇四を参照）。

漢代のこれ以降の時期の諸侯王印は、封泥を含めて見つかっていないので、後漢時代に諸侯王印がどう移り変わったのかも、現状では議論できない。ただ、前漢時代の場合とは違い、後漢期については文献に諸侯王印の格式変更をうかがわせる記載がまったくないから、恐らくは金璽・亀鈕のまま後漢末に至ったのだと思われる。もちろん、文字の形が変化するとか、つくりが粗くなるとかいう変化はあったはずだが、それは格式とは別の話である。

諸侯王印の変遷からみえるもの

以上、現存する漢代諸侯王印の六つの遺物・拓本全てと、それに関係する文献の記載から、諸侯王印の変遷過程をおおよそ確認できた。ここでその内容を整理しよう。

諸侯王の地位が皇帝ときわめて近かった漢初においては、諸侯王の印章も皇帝と同格の、玉璽・覆斗鈕であった。「淮陽王璽」はその遺例であり、「菑川王璽」封泥・「河間王璽」封泥もこの時期に製作された諸侯王印にかかわるものと考えられる。

武帝元狩二年の印制改革によって諸侯王印は金印・亀鈕に改められ、皇帝璽もこの頃までに螭虎鈕になった。その結果、皇帝と諸侯王の印章には材質・呼称・鈕形の全てにおいて明確な差がつき、諸侯王印は列侯印と等しいものとなった。同時に王国の公印発給権・人事権は漢によって奪われ、さらには太初元年の改革において、諸侯王は独自性を喪失し、列侯と同様の国内諸侯に位置づけ直された。この状況は前漢末まで続き、そのあいだに「東平王印」封泥・「城陽王印」封泥が残された。

のちに後漢の光武帝が諸侯王と列侯の区別を広げる政策をとると、諸侯王の地位は上昇し、その印章の呼称も「璽」に戻された。これによって生まれたのが金璽・亀鈕という格式で、「広陵王璽」はそれに沿って製作された。この制度は後漢が滅亡するまで、変わることなく存続したと考えられる。

以上はあくまでも現在残されている材料に基づく仮説であり、今後漢代の諸侯王印の実物が出土することによって、修正を迫られる可能性は十分ある。研究の進展により、ここで利用した手がかりの一部が真品ではないと断定されることもあり得る。ただ、単独の遺物、文献の一条から拡大解釈したわけではなく、いくつもの史料をつき合わせた上での結論なので、ひとつの遺物が出たら全部台なし、ということにはならないだろう。漢初の諸侯王印が玉璽・螭虎鈕だったとかいうような微修正はあったとしても、それが金印・亀鈕だったというような大きなハズレは恐らくないはずだ。

本章でみた諸侯王の地位の変遷を通して、浮かび上がってくることは多い。漢初の諸侯王の地位は一般に思われているよりも高く、ともすれば皇帝との区別がつかなくなるほどであったこと。漢による諸侯王国の取り込みは、呉楚七国の乱を機に景帝のもとで一気呵成《いっきかせい》に行われたのではなく、武帝中期に至るまで数十年をかけて、ゆるやかに進んだこと。武帝のときに出来上がった体制が後漢末までそのまま続いたのではなくて、むしろ前漢末から後漢初期にかけて生じた変化の方が、支配を安定させるうえでは重要であったこと。――諸侯王印を手がかりとして、「漢の高祖による郡国制の採用」「武帝による王国の実質的な郡県化」では語り尽くせない、より起伏に富んだ歴史の風景が、ようやくみえてきた。

では、こうした「起伏に富んだ歴史」のうちに、諸外国はどのように位置づけられるのだろうか。「漢代の印綬制度の背景にある理念や世界観を読み解いていく」という本書の狙いを果たすためには、そこまで視野を広げる必要がある。そのなかで、「漢委奴国王」金印の新しい一面を明らかにすることもできるだろう。

コラム5 「掌諸帰義蛮夷」か「掌諸侯帰義蛮夷」か

漢初の典客の所管対象について、現行の『漢書』には「掌諸帰義蛮夷(諸もろの帰義蛮夷を掌る)」と書かれている。清の乾隆《けんりゅう》帝のとき編纂された『四庫全書《しこぜんしょ》』に収められたものや、『漢書』のもっとも詳細な注釈書として知られる『漢書補注』など、清代の版本《はんぽん》はみなこのかたちになっている。現在日本で出ている『漢書』百官公卿表の解説本や訳本もそれに従っている。

一方で、南朝宋の時代の『史記』注釈書である『史記集解』は、本書第四章の内容と同様、『漢書』のこの一節を「掌諸侯帰義蛮夷(諸侯・帰義蛮夷を掌る)」と引用している。隋の時代に成立した『北堂書鈔《ほくどうしょしょう》』や、宋代の『太平御覧《たいへいぎょらん》』『冊府元亀《さっぷげんき》』などの類書(トピックごとにさまざまな文献を引用した出典集で、一種の百科事典でもある)も、ともに「『漢書』には『掌諸侯帰義蛮夷』とある」と言っている。さて、どちらが正しいのか。

この問題に解決を与えてくれるのが、木版印刷が実用化されて出版文化が広まった宋代に刊行された『漢書』の版本(宋版)である。現存する『漢書』の宋版は、北宋仁宗《じんそう》の景祐《けいゆう》年間(一〇三四〜三七)に刊行されたものと、南宋寧宗《ねいそう》の慶元《けいげん》年間(一一九五〜一二〇〇)のものの二種類である。両者は底本が異なる別系統の版本だと考えられているが、当該箇所はいずれも「掌諸侯帰義蛮夷」になっている。宋版よりも古い写本が出土して、そこで違ったことが書いてあれば話は別だが、現存する材料に基づき伝統的な手法に従って判断する限り、ここはもともと「諸侯」で、少なくとも宋代まではきちんと伝わっていたものを、そのあとの時代になって誤ったと考えるのが妥当だ。つまり、本書第四章で述べている通り、「掌諸侯帰義蛮夷」が正しいと言える。

なお、現存する宋版『漢書』のうち、慶元刊本は日本に二つある。国立歴史民俗博物館蔵本（国宝）と、松本市美術館蔵本（重要文化財）だ。前者はもと直江兼続《なおえかねつぐ》から米沢藩の藩校に伝わったいわゆる「上杉本」、後者は松本藩の学者が所蔵していたものである。鎌倉・室町時代、禅宗寺院のなかでもっとも高い格式を誇った五山の僧は、禅宗とともに朱子《しゅし》学や中国の古典を広く学び、多くの書物が大陸からもたらされた。これらの『漢書』もともとは五山に伝えられていたものとみられ、僧たちの手による書きこみもある。第五章で紹介する『翰苑《かんえん》』や、上述した『太平御覧』（中国では一部が散逸し、金沢《かねざわ》文庫本によって補われる）のように、日本に伝えられた漢籍が原本復元や版本研究において重要な役割を果たすことは少なくない。第四章の内容もそのひとつの例だ。

上杉本『漢書』
百官公卿表の当該箇所
「侯」字の横には○印がついていて、五山の僧もこの字の扱いについて検討していたことがわかる。

第五章　印綬と漢王朝の世界観

漢の統治機構の構造と世界観

本章に先立つ二つの章では、印綬制度を手がかりとして、漢の統治機構の構造の推移を概観してきた。改めて各時期の特徴を簡単に整理すれば、

①漢初…………漢皇帝と諸侯王による天下の共同支配「共天下」
②武帝期………皇帝ひとりによる天下の一元的支配「海内一統」
③前漢末以降…媒介者を結節点に、全ての臣下が皇帝のもとに重層的に結び合わされる「擬制的封建」

とまとめることができる。

ここで（現代風に言えば世界を意味する）「天下」「海内」がキーワードになっていることからも明らかなように、各時期において異なる構造が生み出された背景には、漢王朝の思い描く「世界

観」の変化があった。同時にそれは、世界のなかに漢の君主である皇帝をどう位置づけるかという、「皇帝像」の問題でもあった。漢の理想とする世界のあり方が変われば、世界に対する皇帝の向き合い方も見直されるからだ。

さらに、本書前半の内容にまで遡ると、こういう言い方も可能だ。皇帝が誰かと関係を取り結ぶ際には、公印や綬が下げ渡されるのが原則であった。その公印や綬の格式には、それを受け取った人物が、漢の思い描く世界のなかでどういう立場を示すかが表現されている。すると当然、印綬の制度には、それぞれの時代の世界観が反映されることになる。だからこそ、印綬の制度に着目すれば、漢の世界観や皇帝像を読み解くことができるのだ、と。

ところで、皇帝が印綬を与えて「関係を取り結」んでいた対象は、諸侯王や列侯・官僚だけではない。「漢委奴国王」金印がまさに示す通り、漢を取り巻いていた外部の諸国・諸勢力の首長も、漢の印綬を受け取っていた。しかし彼らは漢の外部の存在だから、「漢の統治機構」を構成していたわけではない。すると当然、彼らが「漢の思い描く世界観」のなかでどんな位置を占めていたのか、整理しておかなければならないだろう。そこまでしなければ、漢代の皇帝像や世界観について、十分に理解することはできないからだ。

その際に手がかりになるのも、もちろん、印綬である。

漢にとっての「外国」とは

漢を取り巻いていた「外部の諸国・諸勢力」。こう聞くと、「ああ、漢から見た外国のことでしょ」と、何だかわかってしまったような気になるが、実はここにちょっとした落とし穴がある。少し長くなるが、この点について、はじめに確認しておこう。

前章でみた漢初の「典客」の話を思い出してほしい。そこで紹介した通り、漢を訪れる賓客として典客が対応を任されていた相手は、諸侯王と帰義蛮夷だった。これに対して、漢の国内諸侯である列侯は主爵中尉《しゅしゃくちゅうい》、漢の直接支配下に入った異民族(蛮夷降者)は典属国の管轄で、典客の担当外だった。というのは、列侯は漢の二十等爵の枠内にある存在であり、漢に降伏して臣従した異民族は漢の国内に置かれるので、いずれも漢の賓客ではなかったからだ(ちなみにここでいう「属国」とは、蛮夷降者を支配するために置かれた漢の行政単位の名称で、大国に従属する国という意味ではない)。国内から来る者はその身分がどんなに高くても賓客ではないから、典客に対応させるいわれはない、というわけである。これを逆に言うと、諸侯王や帰義蛮夷は、漢初においては漢の「外部の諸国・諸勢力」として扱われていたことになる。漢初の諸侯王の地位が皇帝並みに高かったことの影響は、こういうところにも現れている。

しかしこう聞くと、ちょっと変だと感じられないだろうか。いくら当時は諸侯王の地位が高く、その国も漢の外国扱いを受けていたとはいえ、漢と諸侯王国は同じ天下を共有する「共天下」体制を築いていたはずだ。むしろ、「共天下」体制のなかにあって同じ漢の法を用いていたからこそ、諸侯王はそのような高い地位にいることを許されていたのである。一方、帰義蛮夷は、漢とは異なる文化・習俗をもつ集団である。たとえ「共天下」体制に心を寄せて帰服したといっても、国内の法までが漢や諸侯王国と同じものになったわけではない。「蛮夷（野蛮人の意）」と呼ばれているのはそのためだ。つまり、諸侯王と帰義蛮夷は、「天下」のうちに存在する漢の「外部の諸国・諸勢力」という点においては同じかもしれないが、「共天下」体制への関与の仕方に関しては、依然として違いがあるわけだ。

このように言うと必ず、「外国に二種類あるなんてわけがわからない」という反応がある。漢と諸侯王によって構成される「共天下」体制の全体をひとつの国とみなして、その外側の帰義蛮夷と区別して考えた方が単純でいい、との立場もあるだろう。そう、明確な領土や主権に基づく近代国家の枠組みのなかで生きている現代人の目からみると、当時の状況は確かに複雑怪奇にみえる。そこが「落とし穴」なのだ。

春秋・戦国時代の天下秩序

かつて周の時代には、周王によって各地に封建された諸侯が、周王を中心にゆるやかに結びついて、ひとつの政治的・文化的なネットワークを形成していた。このネットワークに加わっていない外部集団は、「夷狄《いてき》」とか「蛮夷」と呼ばれた。のち周王の権威が弱まって春秋時代に入ると、はじめは有力な諸侯(覇者)が周王に代わる諸侯の盟主となってネットワークを維持したが、やがて戦国時代には、ほかから抜きん出た一部の諸侯が自ら王を名乗って、主導権を争うようになった。それらの王のなかで、ほかの王を武力で打倒して天下を統一したのが秦王政(始皇帝)である。

右の経緯を簡単にまとめると、秦による統一以前、ユーラシア大陸の東部においては、同格の諸侯のうちとくに有力な者がほかの諸侯を束ね、周以来の政治的・文化的なネットワークを安定させるというのが、一般的な秩序形成の方法だったということになる。この「周以来の政治的・文化的なネットワーク」は、諸侯が自立性を高めた戦国時代には一種の国際秩序となった。その国際秩序を破壊した秦の統一支配が崩れたのち、戦国楚の王の末裔である楚の義《ぎ》帝をいただいた項羽が、自ら「西楚の覇王」を称してほかの王たちの盟主となったのは、旧来の「秩序形成の方法」に立ちかえったからである。当時の人々にとっての世界のあるべき姿とはこういうもので、秦の統一支配を経ても、その感覚が受け継がれていたわけだ。もっとも、秦の統一支配自体がわずか一〇年ほどのものだったから、その前と後とで世のなかの空気がすっかり変わるはずはないのだが。

こうしてみると明らかなように、漢初の秩序もまた、春秋・戦国時代と同じタイプのものだ。有り体に言えば、覇者が皇帝と称するようになっただけの違いである(実際、賈誼は自身の仕えた文帝を覇者とみなしている)。漢の皇帝がほかの王を「諸侯王」と呼んだのも、かつて戦国秦の法においてほかの王が「諸侯」と呼ばれたことの名残で(第二章)、漢皇帝が「同格の諸侯のうちとくに有力な者」にすぎなかったことを示す。つまり、漢初の「共天下」体制とは、覇者たる漢皇帝と同格諸侯が共同で「周以来の政治的・文化的なネットワーク」を保持している状態であり、それは漢を中心として同盟諸国が形成する国際秩序だったわけだ。よってその外部には、ネットワークに加わらない「蛮夷」がいる。そのなかでもとくに漢皇帝に帰順を申し出た者が、帰義蛮夷である。彼らもまた「天下」を構成する一員ではあったが、「周以来の政治的・文化的なネットワーク」からははみ出した存在だった。

簡単に言い換えると、漢初の諸侯王は漢からみて外国ではあるものの、漢と同じ「周以来の政治的・文化的なネットワーク」のなかにある特別な存在で、その外側にいる外国と同じではなかった、ということになる。そしてそれは、春秋・戦国時代以来、同格の国々が共同で秩序をつくってきた歴史の記憶に根ざす、当時としてはもっとも自然な感覚だったのだ。

さらに、こうした秩序のあり方が彼らにとって「自然な」ものとみなされたのには、単にそれが古くから続いてきたという以上の深い理由がある。

そもそもユーラシア大陸の東部は、世界的にみてもとくに複雑に気候が入り組んでいるところである。海に近い東南の長江流域にはモンスーンの影響を強く受ける温暖湿潤な地域が広がり、その内側の黄河流域には比較的乾燥した地域が、そのさらに西・北には冷涼な草原地帯が、東北には森林地帯が展開する。また、長江水系の大部分は低山・丘陵に覆われており、河川交通路に沿った地域と山間部、さらに上流の四川《しせん》盆地とでは様相もそれぞれ異なる。こうした気候や地形の違いに応じて、生業も農耕、遊牧、狩猟・漁撈《ぎょろう》と多様であり、またひとくちに農耕と言っても、生産される作物、飼育される家畜も一様ではない。周や漢というのは、並外れてバラエティに富んだ空間に生まれてきた国だったのだ。

何もかもが違う多様な世界を、ひとつのルールによって支配するのは至難だ。そんな無謀なことをするよりは、各地域のリーダーとだけ関係を結び、そこの支配を任せてしまう方が話は早いし、間違いも少ない。そういう意味で、周の封建制とか、覇者のもとで国々が共同で秩序をつくる習慣とか、漢初の「共天下」体制とかいったものは、「並外れてバラエティに富んだ空間」のなかで諸地域の人々が共存していくための、一種の知恵だったのである。だから、それにあらがって「天下一統」を成しとげた始皇帝を、愚かだとか欲深いとか批判するのは、あながち儒者のひがめとも言えない(もっとも、始皇帝の治世が長く続けば、それはそれでうまくいったかもしれないので、所詮結果論ではあるけれども)。

南越の「文帝行璽」

秦の統一支配が崩れたのち、ユーラシア大陸東部の「並外れてバラエティに富んだ空間」において、漢と諸侯王は「共天下」体制を築いた。時を同じくして、これとはまた別の「天下」をつくった国があったことが、印章からわかってきている。南嶺《なんれい》山脈の南、現在の広東省を中心として栄えた南越国だ。

南越を興した趙佗《ちょうた》(尉佗《いた》ともいう)は、もと華北の出身で、南海郡(広東省一帯)の役人だった。始皇帝の死後に北方で動乱が起こると、趙佗は近隣の郡をも掌握して、項羽と劉邦の争いを尻目に、前二〇三年に南越国を建てた。漢側の史料である『史記』によると、趙佗は高祖に帰順したものの、呂后のときふたたび自立して帝を称し、のち文帝に改めて服従して、その際に帝号もやめたことになっている。しかし一九八三年、南越の都番禺《ばんぐう》の故地である広州市内において南越の文帝(趙眛《ちょうばつ》)の陵墓が発見され、そこから「文帝行璽」と刻まれた黄金印が出土したことで、南越が国内で帝号を使用し続けていた実態が明らかになった。

この印章の特徴から判明することは多い。ここでは五つの点に絞って挙げておこう。

まず「文帝行璽」という印文について。漢の皇帝璽は「皇帝某璽」または「天子某璽」という印文である(後述)。漢の皇帝が生前用いる称号はあくまでも「皇帝」で、「文帝」とか「武帝」とかいった後世用いられる呼び名は皇帝の死後に臣下が奉るものだった(これを「諡号《しごう》」という)。

「文帝行璽」の鈕(左)と印面(右上)、印影(右下)(南越王博物院蔵)

したがって、皇帝璽の印文に「文帝」「武帝」などと刻まれることも決してなかった。それに対し、南越の帝は生前から「文帝」「武帝」などの美称を称したために(「生号」)、印章にも「文帝」という文言が残ったのだと考えられる。秦による統一以前、謚号の習慣は黄河流域、生号は長江流域において行われていたので、南越の生号は長江流域の文化を継承したものと理解できる。その君主号も、統一秦が定めた「皇帝」ではなく、戦国時代末の一時期に複数の国で用いられた「帝」を引き継いだのだろう(栗原朋信「南越の君主号についての小考」一九五七)。つまりこの「文帝」には、項羽の担いだ楚の「義帝」の場合と同じく、長江流域の文化をふまえつつ黄河流域の「皇帝」を相対化する意図が含まれている。

一方、漢初に使用されていた皇帝璽のひとつが「皇帝行璽」という印文であったことは、すでに出土文字資料から確認されている。南越がそれと同じ「行璽」という名称の帝璽を製作していたことは、漢の皇帝璽と南越の帝璽のあいだに、印文のうえで一定の関係があったことを示す（その含意については本書では割愛する。詳細は阿部幸信「皇帝六璽の成立」二〇〇四を参照）。

第二点は、材質が金であることである。これまで再三述べたように、秦・漢の皇帝璽は玉璽であった。南越文帝の墓からも印章（「帝印」と刻んだ小型の螭虎鈕玉印など。コラム6参照）を含む玉製品が多数出土しているので、材料調達の面でも、加工技術の面でも、南越が玉璽を製作できなかったはずはない。にもかかわらずわざわざ金を用いたのは、印章の最高の材料を玉とする秦・漢とは異なる系統の文化を強調するためだった可能性がある。戦国楚の王の印章の材質は不明なので、金印を貴ぶことが長江流域の伝統なのかどうかを確認することは難しいが、後世の長江流域では、三国の呉や南朝の一部の王朝が皇帝璽を金で製作していたことがわかっている（阿部幸信「魏晋南北朝皇帝璽窺管《きかん》」二〇一七）。

次に、龍の形をした精巧な鈕にも注意が必要だ。漢初に限らず、後漢末に至るまで、漢の公印に龍鈕という格式は存在しなかった。この龍鈕は、漢の皇帝璽（覆斗鈕または螭虎鈕）との差別化をはかって設定された可能性が高い。なるほど龍ならば、虎に匹敵する聖獣と言い得るだろう（『易経』では「雲は龍に従い、風は虎に従う」と並び称される）。

印面のサイズも重要な特徴である。「文帝行璽」は約三・一センチメートル四方であり、漢の通常の公印はもちろん、皇帝・皇后の璽(一辺は約二・八センチメートル)よりも大きい。これは漢の皇帝をしのぐ意図で設定された規格とみるのが自然である。印の材質や鈕形をいくら変えても、封泥に押捺されてしまってはわからないが、印面が大きければ、受領者にも南越帝の自己主張がストレートに伝わったはずだ。

最後に田字格の問題がある。田字格は秦の公印において広くみられたが、漢はこれを通常の公印の格式としては踏襲しなかったか、踏襲したとしてもごく初期の段階で捨て去ったと考えられている。南越は公印全般にこの田字格を意図的に残し、漢との違いを示そうとしたのだろう。ただし、漢においてもある時期までは田字格をもつ皇帝璽が使用された痕跡(「皇帝信璽」封泥)があることから、こと帝璽に関していう限り、田字格によってどこまで南越の独自性を示すことができたかはわからない。この点は今後の検討課題である。

もうひとつの「天下」

さて、こうして整理してみると、この「文帝行璽」のうちに、漢とは異なる長江流域の文化への帰属意識とか、漢皇帝への対抗心が込められていることは明白である。検討の余地が残る田字格のことはひとまず度外視してもだ。

魚鈕印の例
「南越中大夫」印の鈕(左)と印影(右)　(上海博物館蔵)

南越帝の用いる印章が漢と異なる文化に立脚しているのには、もちろん、わけがある。「文帝行璽」だけでなく南越印全般について検討した吉開将人は、南越が戦国楚の制度に連なる官制や爵制をもち、それに則った官爵名を刻んだ印章を国内外の臣下に与えて、ひとつの「南越世界」を築いていたことを指摘する(「印からみた南越世界」一九九八～二〇〇〇)。「南越世界」の存在は、南越が滅亡するまで、雲南《うんなん》に住む諸民族(漢は「西南夷」と呼んだ)が南越と親しんで漢に付き従おうとしなかったという『史記』の記録からもわかる。さらに吉開によれば、南越が臣下に与えていた公印には、漢の印制には存在しない魚鈕がみられたり、漢に先駆けて蛇鈕が用いられたりといった独自の特徴があるという。田字格がかなり遅い時期まで残っていたことも、そうした特徴のひとつに加えてよいだろう。そうした南越印の様式が戦国楚の制度や長江流域の文化とどう関わるのかについてはいまだ不明な点が多く、はっきりしたことはまだ言えないが、長江流域一帯の諸侯王国においても、漢の公印の制度のうちに亀鈕の制度が定着するより以前から亀鈕が用いられていた形跡があるので、そのことをふまえれば、南越が動物鈕を好む南方の文化的特質を生かし、龍・亀・蛇・魚といった鱗《うろこ》のある生き物を中心とした動物鈕の制度を設け、それが漢の印制に影響を与えたと考えることは可能である。

南越が長江流域の文化を利用してひとつの「南越世界」＝「南越の『天下』」を築くことができた背景には、この時期まだ漢の影響力が及んでいなかった長江以南の広い範囲において、楚や越といった長江流域の文化にルーツをもつ制度や習慣が広く受け入れられていたことがある。このことは考古遺物の形態的特徴からも確かめられているし（詳しくは前掲の吉開論文を参照）、前述の動物鈕についてもこれに含めて考えてよいかもしれない。南越はこうした当時の南方世界の情勢をふまえ、戦国楚の制度を巧みに利用しながら、勢力圏を拡大・維持していたわけだ。その結果、南越の影響力は、今日の地名でいえば広東・広西を中心に、東は福建、西は貴州《きしゅう》・雲南、南はベトナムにまで及んだ。人口規模はともかく、そのスケールにおいて、南越の「天下」は漢を盟主とする「天下」に遜色なく、その工芸技術も決して漢に劣るものではなかった。「文帝行璽」は、まさにそれを象徴する遺物なのである。

漢と南越は、いずれも秦による統一支配の崩壊後に、ユーラシア大陸東部の「並外れてバラエティに富んだ空間」に出現した政権だった。その意味で、両者は兄弟関係にあると言ってもよい。

もちろん、漢は黄河流域の文化を、南越は長江流域の文化を色濃く受け継ぐという違いはあったが、どちらも秦の統一支配とは異なる、地域間のゆるやかな結びつきを志向した点は同じだ。武帝以前のユーラシア大陸東部の情勢がこうしたものであったことは、武帝期以降に現れてくる漢の新しい「天下」について考える際、非常に重要である。

「天下」のスケールアップ

前章でみたように、漢の武帝は次第に諸侯王国を漢の国内に引き入れていき、「周以来の政治的・文化的なネットワーク」を「共天下」体制とは異なるかたちのものへとつくり変えた。このことは、漢と諸侯王国の関係だけではなく、漢と「周以来の政治的・文化的なネットワーク」を取り巻く諸勢力との関係にも影響を及ぼした。

ちょうど漢が諸侯王の人事権を全面的に奪った元狩年間(前一二二~前一一七)、南越の武帝を継いで帝となっていた明帝(趙嬰斉《ちょうえいせい》)のもとに、漢への入朝をうながす使者がたびたび遣わされた。ところが、明帝は漢に入朝すれば「内諸侯」として扱われることを嫌って承知しなかったと『史記』は伝える。「内諸侯」というのは一般的な表現ではないが、元狩二年の印制改革を契機に国内諸侯化しつつあった諸侯王が当時「内諸侯」と呼ばれており、それを同時代人の司馬遷が記述に取り入れた可能性はある。明帝自身も南越帝に即位する直前まで長安におり、漢と諸侯王国の関係の推移をよく承知していたから、この「内諸侯」という表現は、明帝が入朝への忌避感を示す際に実際に使ったものかもしれない。いずれにせよ、こんな調子で模様見を続けていても大丈夫だと明帝が判断したのは、漢と匈奴の戦争がまだ続いていることを彼が知っていたからだろう。

そうこうしているうちに漢の北方の情勢は落ち着き、明帝もそれから間もない元鼎二(前一一五)年に没した。明帝を継いだ子の趙興《ちょうこう》(哀王。これは諡であろう)は、そこでついに漢に屈服し、「内諸侯」に準ずる待遇を受け入れた。そのとき南越の高官が漢の官職と公印を授かったことは、公印発給権の剝奪が諸侯王の国内諸侯化の端緒となったことを思い出させる。ただし南越は完全な漢の国内諸侯になる前に、すぐ深刻な内紛に陥り、漢の干渉を招いて、元鼎六(前一一一)年に漢によって滅ぼされた。これと前後して、南越の置いていた同姓王(南越帝と姓を同じくする一族で、王に封建されていた者)の蒼梧《そうご》王は漢に降伏し、南越に従っていた西南夷も漢に服属した。一時は南越と南方の覇を競っていた閩越《びんえつ》(現在の福建省に拠った越人の国)の王餘善《よぜん》は、このとき「武帝」(もちろん閩越の武帝の意)の璽を作って漢に戦いを挑んだが敗れ、やはり滅亡した。こうして、武帝による「海内一統」の過程で、南越の「天下」は漢に吞みこまれてしまったのである。

そしてまさにこの頃から、それまでの「共天下」体制と「南越の『天下』」を合わせたユーラシア大陸東部の「並外れてバラエティに富んだ空間」の全体を、「天下」「海内」ではなく「中国」と称する用法が文献上に現れるようになる。漢によって「一統」された空間は、それだけではもはや「天下」ではあり得ず、ひとつの「国」にすぎないと考えられるようになったわけだ。その結果、漢とその周辺に展開する諸国・諸勢力を含めた地上の世界全てが、新たな「天下」として位置づけ直されることになった。もともと「天下」という語は、文脈によって特定の限られた範囲を示す場合もあれば、この地上をあまねく指すこともできる多義的な言葉だったが、「天下」の中心にある漢の版図が歴史上前例のない範囲にまで拡大したために、前者のような言い方が事実上意味をなさなくなり、もっぱら後者が注目されるようになったのである。いわば、「天下」のスケールアップだ。

このスケールアップした新しい「天下」においては、旧来の「天下」が新しい漢＝「中国」なので、漢と「外部の諸国・諸勢力」の付き合い方も、それまでとは当然異なるものになる。とくにこうした変化が生じた当初は、新しい「天下」における漢の力が圧倒的だったため、漢の国内諸侯とその他の蛮夷との区別は依然あるにせよ、来訪者への対応という観点では、相手が郡県支配を担う官僚なのか、それとも封建諸侯なのかという立場の違いの方に関心が移った。封建諸侯やそれに準ずる対象であれば、国内の諸侯王も列侯も国外の帰義蛮夷も全部ひっくるめて大鴻臚が扱うようになったのは、そういう理由からだと考えられる。

こうしてみると、武帝のやったこととは、「王国の実質的な郡県化」というレベルをはるかに超えた、世界観の再構築だったと言える。この新しい世界において、皇帝は、唯一の支配者として君臨する至高の存在へと定義し直された。諸侯王印が「璽」から「印」に格下げされ、皇帝のみがただひとり「璽」を持つ存在とされた――これは始皇帝のときの状況と同じである――のも、皇帝像の再定義と関係してのことだろう。そして、このように再構築された世界観、再定義された皇帝像のもと、武帝は統一秦のあと途絶えていた泰山封禅を復活させて繰り返し天地を祀り、自身の至高性を強くアピールしたのである。

「滇王之印」と「夫租薉君」

『天下』のスケールアップ」が起こりつつあった時代に、漢が帰順した外国王に与えた遺物の現物が知られている。中国国家博物館所蔵の「滇王之印《てんおうしいん》」だ。

この金印は、一九五六年、雲南省昆明《こんめい》市の南の郊外に位置する石寨山《せきさいざん》六号墓から出土した。昆明市の一帯は標高約一九〇〇メートルの高原盆地で、四季を問わずほどよく温暖な常春の地である。漢の初期、ここに滇国という西南夷の国があり、南越滅亡後の元封二(前一〇九)年に漢に服属した。武帝は益州《えきしゅう》郡を置いて滇国の故地を郡県化する一方、滇王に「王印」を与えて、民をそのまま治めさせたという(『史記』西南夷列伝)。「滇王之印」はそのとき武帝が滇王に与えた印であろうと考えられている。

とくに目を引くのは、頭部に可愛らしい丸い二つの目をもつ、コイル状にとぐろを巻いた蛇の

「滇王之印」の鈕(左)と印影(右)(中国国家博物館蔵)

形の鈕である。同じ蛇鈕ということで「漢委奴国王」金印としばしば比較され、両者を並べて「南方異民族の印の鈕は蛇だ」と言われることが多い。それは確かにその通りなのだが、では南方の異民族に蛇鈕印を与えるという制度が漢の初期から一貫して存在していたのかといえば、答えはノーである。

南越が滅ぶまで、西南夷を含む南方の広い地域には南越の「天下」が存在しており、南方の異民族が漢に帰服するという現象自体が珍しかった。それは北方も同様で、漢が匈奴の属国であった時代に、漢が北方の異民族に公印を与える機会がそう頻繁にあったとは思われない。つまり、異民族に与える印の格式を議論する場面が、そもそも漢の初期にはほとんどなかったのである。さらに、動物鈕の正式導入も、漢の国内の公印の制度が固まった元狩二年の印制改革まではなされていなかった疑いがある(第四章)。当然、それ以前に異民族に専用の動物鈕を付した印章を与える習慣もなかっただろう。例えば、前漢の比較的早い時期に湖南省西部の沅水《げんすい》流域（当時は武陵郡《ぶりょう》）に暮らす異民族の首長に与えられたとみられる「沅蛮夷長《げんばんいちょう》」銅印（慈利《じり》博物館蔵）は、瓦鈕であって動物鈕ではない。先述の理由から漢初の異民族の印章は類例が乏しいため、速断はできないが、「滇王之印」から得られた結論を単純に遡らせて元狩二年以前の状況を語るというのは、そもそも滇国の服属の経緯に照らしても適切ではない。

では、蛇鈕はいつ漢の制度に取り入れられたのか。この問いに明確に答えることは難しいが、ひとつの可能性として、国内の金印・銀印が亀鈕に統一された元狩二年の段階で国外向けの印章の鈕も定められた、ということは大いにあり得る。また、元狩二年の印制改革から南越滅亡に至る約一〇年（元狩・元鼎年間）は、漢が諸侯王のみならず匈奴や南越に対しても優勢に転じ、北方でも南方でも異民族の帰服が急激に増加する時期にあたるので、そこで異民族用の鈕形が検討の対象とされたことも十分考えられる。そのどちらであるかは断定できないにしても、滇国の服属は元狩二年印制改革の一二年後のことなので、「滇王之印」の蛇鈕は「『天下』のスケールアップ」を承《う》けた当時最新の制度、と理解して差し支えないだろう。

一方、蛇鈕と並行して現れる異民族専用の鈕に、駝《だ》鈕がある。「駝」とは駱駝《らくだ》のことで、当時は「槖駝《たくだ》鈕」とも呼ばれた。駝鈕の異民族印の早い事例としては、「夫租薉君《ふそわいくん》」銀印を挙げることができる。一九五八年、北朝鮮の平壌《ピョンヤン》市貞柏洞《チョンベクトン》一号墓から出土したものだ。元封三（前一〇八）

年に朝鮮半島北部の衛氏《えいし》朝鮮が漢に滅ぼされ、四つの郡が設けられたが、そのひとつである玄菟《げんと》郡のなかに夫租県があった（のち楽浪《らくろう》郡に移管）。「夫租薉君」銀印は、この夫租県にいた濊《わい》（薉）族の首長に授けられたものと目されている。製作年代は特定されていないものの、印文の冒頭に「漢」という文字がないこと（その意味については後述）から、恐らくは前一世紀前半に作られたとみられる。つまり、雲南の滇国王に蛇鈕印が与えられてから数十年くらいのあいだに、朝鮮半島の濊族の首長には駝鈕印が授けられていたことがわかるのである。蛇鈕・駝鈕を異民族専用の鈕とする制度は、前漢末になるとより明確に見て取れるようになる。

「夫租薉君」印の鈕（上）と印影（下）
（所蔵情報不詳）

蛇と駱駝

異民族専用の鈕のモチーフとして蛇と駱駝が選ばれた理由について、文献は何も語らない。まして遺物は制度の具体像しか伝えないから、制度制定の背景を知る手がかりにはならない。よって、状況証拠を積み重ねた推定が試みられている。

しばしばみられる説明に、駱駝は中国の北方・西方の乾燥地帯におり、蛇は南方・東方の多湿な地域に多いので、北・西には駝鈕が、南・東には蛇鈕が選ばれた、というのがある（蛇鈕は南方専用で、東方も駝鈕だったという見解もあるが、方位概念に対する理解に疑問が残るのでいまは採らない）。確かに、駝鈕のモデルであるフタコブラクダは、漢の北・西にあたるモンゴル高原から西域にかけて広範囲にわたって棲息している。他方、蛇は草原地帯にも乾燥地帯にも分布するから、南や東に「多い」というのは疑わしいものの、当時、中国の東・南方で蛇や龍を信仰する文化がとくに盛んだったことは、山東の画像石に人面蛇身の神像がよく描かれることや、南越の「文帝行璽」の龍鈕などからもうかがえる。

しかし、こうした説明からは、駱駝や蛇がそれぞれの方位と「結びつく理由」はわかるけれども、駱駝や蛇がそれぞれの方位の「代表であった理由」はわからない。北方・西方なら別に馬でも羊でもよいのだし、実際のちの時代にはいずれも公印の鈕になっている。南方・東方と言えば、まずは魚や亀（瑇瑁《たいまい》）、あるいは鳥（の羽）に言及するのが古来の習慣だ。単に結びつきを言うだけなら説明はどうとでもできるのであって、問題は、いくつもの選択肢のなかから「駱駝」と「蛇」が選び出されたのはなぜかというところにある。それを考える突破口は、出土文字資料にあった。一九七五年に湖北《こはく》省孝感《こうかん》市で出土した睡虎地秦簡《すいこちしんかん》のなかには、秦の時代の法律が多く含まれていた。その内容から、秦では外国が「它邦《たほう》」と称されていたことが知られている。「邦」は人名漢字で「くに」と読むことでもわかるように、「国」のことだ。漢では劉邦の諱を避けて「邦」を「国」と書いたため、後世「邦」表記を用いる機会も減少したが、いまでも「邦人」とか「連邦」などと使う。一方の「它」は「佗」とも書き、「ほか」「よそ」という意味である。「自分の玉を磨くのに役立つ、よその山のつまらない石(=反面教師)」を意味する「他山の石」が、出典の『詩経』では「它山之石」と表記されている通り、「它」「佗」は「他」と同義(「他」は「佗」の異体字)である。つまり、「它邦」とはずばり「他国」ということだ。こうした「它」の用法は、もちろん漢代にも残っていた。

　そのことを確認したうえで、異民族専用の鈕に選ばれた動物「蛇」「駝」の文字の形をみると、いずれも「它」を音符としていることに気づく。それどころか、「它」という字は、元をただすと「へび」の意だった。相手の安否を尋ねる漢代の常套句《じょうとうく》のひとつに「無它乎(它無きや)」「無它否(它無きや否や)」というのがあったが、後漢時代の字書『説文解字』によれば、むかし人々が草原に住まいしていたとき蛇に悩まされたため、「蛇にお困りではありませんか」と訊ねることが「ご無事ですか」の挨拶になったのだという。この「它」が「ほか」の意味を示すようにもなったため、「へび」のときには虫へんをつけて区別した(ただし、漢代には漢字の書き分けが厳密でなかったので、依然としてしばしば通用された)が、「蛇」という字にも「它」と同じ音が残り、今日に至っている(「蛇」は「ジャ」とも発音するが、「蛇行」「長蛇の列」などの「蛇」は現在でも「ダ」と読む)。こうした「它」「蛇」両字の関係をふまえると、「蛇」から「他」が連想されやすかったことはすぐ理解できる。「駝」(「駱駝」「駝鳥《だちょう》」の「ダ」)にしても、「蛇」ほどの密接さはないにせよ、字形・音の面で「它」＝「他」と関係があることは明らかだ。

以上を簡単に言えば、「蛇」「駝」はどちらも「ほか」を意味する「它」を音符にもっていたので、「佗／他」を暗に示す象徴になりやすかった、ということである。ほかのいかなる動物でもなく、蛇や駱駝が「他国」である異民族専用の鈕に選ばれたのは、これが理由だったと考えられる。

さらにそれを当時の「『天下』のスケールアップ」と重ね合わせると、このようにまとめられるだろう。新しい「天下」は、漢(＝旧来の「天下」)とそれを取りまく「他国」からできていた。漢の国内は唯一の「虎」である皇帝が無数の「亀」すなわち臣下の上に君臨する空間として定義づけられ、その外側の「他国」の首長が漢に帰服した場合には、「他(国)」であることを示す「蛇」「駝」を鈕として付した印章が与えられた。こうした区別が設けられる一方で、漢の国内諸侯も、漢に服属した「他国」の首長も、どちらも漢の皇帝と関係を結んだ封建諸侯ではあるので、その応接は一括して大鴻臚に委ねられた。――武帝期における世界観の再構築のなかで、漢と「外部の諸国・諸勢力」の関係も、こうした新しいかたちへと移行した。「滇王之印」は、その過程の一コマを生々しく写し取った遺物なのである。

宣帝期の漢と匈奴

ところが、漢と「外部の諸国・諸勢力」との関係は、この状態では定着しなかった。その根底にある漢の国内の統治機構の構造が、大きく変動したからだ。

本章のはじめの方で漢初に「共天下」体制がとられた経緯を説明する際、それはユーラシア大陸東部の「並外れてバラエティに富んだ空間」のなかで諸地域の人々が共存していくための一種の知恵だった、と述べたのを覚えておられるだろうか。いましがたみた武帝の「世界観の再構築」というのは、見方を変えると、その「一種の知恵」との訣別《けつべつ》だった。

幸い始皇帝のときとは違って、時間をかけて段階的に工夫をしてきたので、地域を超えた人やモノの大きな移動がただちに大きな社会不安を招くようなことはなかった。とはいえ、長期間にわたって各地の生産や治安を維持していくとなると、話はまた別だ。多様性を無視し続ければ不満が出る。実際、塩鉄専売や均輸・平準に対しては、地域の実情を軽んじているとか、民間の経済活動を阻害しているなどといって、反対の声があがっていた。かと言ってやみくもに統治を委ねれば、極限まで肥大化した国家が分解しかねない。悪くすれば戦国時代に逆戻りだ。さて、どうやってバランスを取るか。とてつもなく難しい宿題を残して、武帝はこの世を去った。

この「宿題」の最終的な解決は、前漢末の「擬制的封建」へと委ねられることになるわけだが、そこに至るプロセスにおいて、漢は国内の制度だけでなく、「外部の諸国・諸勢力」との関係の結び方も見直していった。後述するように、公印の制度にはその痕跡が残っているが、そこで生じた変化の背景には、漢と匈奴の関係がかかわっている。したがって、まずは当時の西方の情勢について簡単に紹介しておく。

『漢書』などによると、宣帝のはじめ匈奴が烏孫《うそん》に攻撃をしかけ、漢は烏孫を助けて匈奴を討った。大敗を喫した匈奴は混乱に陥り、それまで匈奴に服属していた西域の国々も離反した。匈奴で内紛が続くなか、神爵《しんしゃく》二(前六〇)年には匈奴のいくつかの集団が漢に投降した。この年、漢は西域都護《せいいきとご》を設置して西域を統制下に置き、西方における漢の優勢は揺るぎないものになった。やがて匈奴では呼韓邪《こかんや》単于とその兄の郅支《しつし》単于が対立する形勢となり、呼韓邪単于は漢と良好な関係を築くため、自ら漢の辺境の要塞に出向いて、甘露三(前五一)年の元旦に行われる漢の年賀拝礼への列席を申し出た。いくら苦境にあるとはいえ、匈奴単于が皇帝との君臣関係確認の場である年賀拝礼に出てくるというのだから驚きだ。前代未聞のことに漢の方も困惑して、待遇について議論した結果、その朝位は「位諸侯王の上」とし、「臣」と称しても下の名前は言わなくてよいことにした。皇帝と関係を取り結び、朝廷に列席するのであるから、当然印綬を与える必要が生じる。そこで年賀拝礼の場において、ほかの引き出物と一緒に、「黄金璽・盭綬」つまり金璽・緑綬が下げ渡された。この璽の鈕は駝鈕だったとされる。これ以降、呼韓邪単于と漢の同盟は強固になり、元帝のとき漢によって郅支単于は倒された。そのあとも元帝の宮女の王昭君《おうしょうくん》が呼韓邪単于に嫁ぐなど、匈奴と漢の和親は深まり、王莽のとき断絶するまで継続した。以上が大まかな経緯である。

匈奴単于璽

宣帝期における印制の変化を考える際、注目すべきポイントは二つある。匈奴単于の受けた印章の形式と、漢に服属した国や集団の急激な増加だ。これらについて順を追ってみていこう。

呼韓邪単于が緑綬を受けて「位諸侯王の上」に置かれたことは、前漢時代に「位上公」やその上の「位諸侯王」にある者が緑綬を佩びていた(第二章)ことと対応しており、特別な問題にはならない。ここで重要なのは、公印の方である。それは材質こそ金だったが、呼称は「璽」であったという。当時の諸侯王の公印は金印なので、それよりも高い格式だ。先ほど指摘したように、元狩二年印制改革の目的のひとつは、皇帝ただひとりが「璽」をもつようにすることによって皇帝という存在を至高のものとして再定義することだったわけだから、匈奴単于に「璽」を与えるというのは、劇的な方針転換だったと言わねばならない。

「いや、かつては諸侯王だって『璽』を持っていたのだから、これがそこまで思い切った行為であったはずはない」と考える人がいたら、それはちょっと認識が甘い。元狩二年といえば前一二一年、呼韓邪単于の入朝は前五一年であって、すでに七〇年も経っている。諸侯王が「璽」を持っていた時代のことを覚えている人間などはとっくにいなくなっていて、「璽」は皇帝専用というのが常識になっていたはずだ。『漢書』にも、宣帝が単于に与えた「印璽」は「天子と同じ」だったという記録が残されているくらいである（食貨志《しょっかし》。この箇所は諸侯王を金璽とする百官公卿表の記述と矛盾しているが、班固は当時の諸侯王印の格式を理解しないまま、著述の元とした資料の記載を忠実に書き写したのだと思われる）。

「天子と同じ」ということについては、「臣」と称しても下の名前は言わない、という礼遇ともかかわる。この点に関して、実際には「臣」と称さず下の名前も言わない、さらに一段高いものだったとする説もあるが（尾形勇『中国古代の「家」と国家』一九七九）、どちらにしてもはっきりしているのは、これが漢の皇帝との立場の近さを意味することである。「臣」と称し下の名前も言う「臣某」こそが、君主に従属する臣下に義務づけられた自称形式であり（第一章参照）、その実践を求められていない以上、匈奴は通常の漢の臣下とは大きく異なることになるからだ。匈奴単于への「璽」の授与が、こうした破格の礼遇とセットだったことには要注意である。

武帝があれほどまでして皇帝の独占とした「璽」を、匈奴単于に与える。武帝の再構成した世界観のもとにおいて、これは皇帝の至高性の一角を脅《おびや》かす行いにほかならない。宣帝は、それをあえて冒したのだ。この一件は、呼韓邪単于が来朝した宣帝期の末までに、「武帝の再構成した世界観」そのものが揺らぎ出していたことを示している。

異民族印の格式

他方、宣帝期に多くの国や集団が漢に服属したことについては、その公印の制度への影響が直接文献に記されているわけではないが、状況的にみて印制との関係が疑われるので、ここで取り上げる。

前漢後期には、異民族に対して与えられる公印、すなわち、いわゆる「異民族印」のスタイルが確立されたことが知られている。「異民族印」はかつて「蛮夷印」と呼ばれることがあったが、さすがに語感がよろしくないので、今日では一般に避けられる(「異民族」にもそれはそれで問題があり、別の呼び方があってしかるべきだが、学界でも代替案は示されていないため、本書ではひとまず措く)。漢の異民族印の形式については、遺例の分析に基づき、以下の三点にまとめるのが定説になっている(渡辺恵理「前漢における蛮夷印制の形成」一九九四)。

①印文の冒頭に「漢」という文字があること。
②専用の鈕(駝鈕・蛇鈕)が付されていること。
③印文は三行で、五字以上であること。

単に言葉で説明しただけではわかりにくいかもしれないので、「漢委奴国王」金印(ivページの写真参照)を使って具体的に確認しておこう。この金印の印文は、「漢」という文字から始まっている。①はこのことを指している。鈕が蛇鈕である(②)ことについては繰り返し触れているので、すでにご承知のはずだ。さらに、印面に刻まれた印文は三行に分かれていて、一行目の「漢」、二行目の「委奴」、三行目の「国王」を合計すると五字ある。よってこの金印の印文は「三行で、五字」ということになる。「漢委奴国王」金印の印文は三行印となる最小文字数の五字だが、相手の立場によってはもっと長い印文が必要になることもある(「漢匈奴悪適《あくてき》姑夕且渠《こせきしょきょ》」など)。そのような場合でも必ず三行におさまる構成にされていた、というのが③の意味である。ただし③は「異民族印は三行印である」ことを示しているだけで、三行印であれば異民族印であるわけではないから、異民族印固有の特徴である①②とは次元が異なる。

先ほど述べたように、これら三条件が出揃って異民族印の形式が固まるのは前漢後期のことだ、とするのが一般的な理解である。その大前提として、①③が武帝太初元年以前には成立し得ないということがある。序章で言及した通り、太初元年の五字印制は、五字以上の印文をもつ公印の製作を可能にしたものだ。③はこの五字印制がなければ、そもそも実現不可能な内容である。①も同様で、四字印のうち一字を「漢」に費やすと仮定すると、まともな印文を構成することはきわめて困難になる。例えば、匈奴の集団の首長に与える公印の場合、「漢匈奴」だけで三文字になってしまう。「漢匈奴王」とか「漢匈奴長」とかいう印文はかろうじて可能だが、さまざまな称号の王や族長がいる匈奴人にこんな印を与えたのでは、相手も納得しないだろうし、身分証としても役に立たない。よって、①も太初元年より前にはなかった制度だと考えられる。

一方、先ほどみたように、②は太初元年以前でも可能な内容であり、実際に元狩二年頃まで遡るらしい。ということは、三条件は同時に制定されたわけではなく、段階を経て整備されたのだとみることができる。ではそれはいつなのか、ということが問題だ。うち③については、異民族に与えられた公印で「漢」字をもたないものはいまのところ全部四字印なので、①と同時に成立したと考えてよい。よって、焦点は①の成立時期に絞られる。

異民族印の形式について整理した渡辺恵理は、「漢」という字の意味から、この問いに答えようとした。それによると、西域諸国を支配しているのは匈奴ではなく漢だと主張するために、「漢」という王朝の名前を印文にかぶせたのだとされる。この理屈でいけば、漢が西域諸国を統制下に置くようになったのは宣帝期だから、異民族印の成立も宣帝期以降ということになる。確かに、宣帝期に西域の多くの国々が漢に服属したことにより、異民族に公印を与える機会はそれ以前に比べて一段と増えたはずで、それが異民族印の形式の確立をうながした可能性は高い。

ただ、「漢」という王朝の名前を印文にかぶせて漢による支配を強調した、という説明には苦しいところがある。「漢」字を印文にわざわざつけなくても、そもそも漢の公印は漢の様式によって作られ、印面に刻まれているのも漢字(＝漢で使用されている文字)だから、それだけで漢による支配は十分示すことができる。漢と南越のように、もともと類似した様式の印章を用いている国同士が、印面のデザインや鈕の形に区別をつけて、印章を周囲に配り合う状況とは違うのである。よって、印文の冒頭に付される「漢」字の意味については、また別の解釈を試みた方がよさそうだ。

「漢」とは何か

今日のわたしたちは、「漢」や「唐」と言えば「王朝の名前」「国の名前」だと考える。もちろん、「漢朝」「唐国」などの表現は史料上にも現れるくらいなので、その認識は誤りではない。しかし、王朝名にはこれとは別の、もっと重要な用法がある。

前近代の中国では、「漢家」「唐家」など「王朝名＋家」という表現が盛んに用いられていた。

この「某家」は、その王朝の支配の及ぶ空間全体を、ひとつの「家」に見立てた言い方である。この「家」のなかでは、人々はお互いに姓を名乗らない。全構成員がひとつの姓を共有しているので、姓を名乗り合うことに意味がないからである。もちろん実際には、みな血縁関係に基づく本来の姓をもっているのだが、公の場ではそれをわざと言わず、「家」の一員であることを示すというのがルールだった。皇帝に対してあらゆる臣下が「臣某」「妾某」と称し、本来の姓を絶対に言わなかったのは、公の場で本来の姓を言うと「家」の一員ではないという意味になってしまうからだ。しかも、公の場において本来の姓を捨てるのは皇帝でさえも例外ではなく、例えば漢の皇帝廟に祀られている皇帝たちは劉氏の出身であるにもかかわらず、その廟はあくまでも「漢氏」の廟であるとされ、「劉氏」の廟とは呼ばれなかった。つまり、皇帝を含む全ての存在が血縁関係に基づく本来の姓を捨てて公の場に集まり、そこで改めて皇帝を長とするひとつの「家」を構成することで、国家や王朝が成り立つと考えられていたのである。この「家」全体の呼び名が「漢家」で、そこでの「漢」は「家」全体の姓にあたる。

そう言われてみれば、ヨーロッパの王朝を「イングランドのテューダー朝」とか「フランスのヴァロワ朝」などと呼ぶのに対し、漢王朝を「中国の劉朝」と言うのが不自然であることは、現代日本のわたしたちにもわかる。欧米の学界では中国皇帝の名を(ヨーロッパの君主の場合と同様に)「姓＋諱」で呼ぶことが珍しくないのだが、東アジアの研究者の日常的な感覚に照らして、これも奇妙に感じられる。そもそも、「国家」とか「王朝」という概念が、ヨーロッパと中国では全然違うのだ。

国を君主を長とするひとつの「家」とみなす考え方は古くからあったが、それを儒学の重層的な国家構造をふまえたかたちで理論化したものが、「擬制的封建」である。その考え方に従えば、封建諸侯国に擬せられた官府はそれ自身が小さな「家」で、そうした「家」が多数積み重なって構成される巨大なひとつの「家」が、「漢家」だということになる。

皇帝璽と天子璽

この観念に基づいて、「擬制的封建」と並行して整備されたのが、皇帝の用いる六つの印章「皇帝六璽」の制度だ。六璽の具体的な内容と用法については、『漢旧儀』にみえている（一部欠落があるので、ほかの史料によって補う。西嶋定生「皇帝支配の成立」一九七〇を参照）。

皇帝六璽は全て白玉・螭虎鈕で、その印文は「皇帝行璽《こうじ》」「皇帝之璽《しじ》」「皇帝信璽《しんじ》」「天子行璽」「天子之璽」「天子信璽」である。「皇帝行璽」によって封（建のことを行い）、「皇帝之璽」によって諸侯王に文書を与え、「皇帝信璽」によって兵を発し大臣を召し、「天子行璽」によって外国（の王）を封建し、「天子之璽」によって天地鬼神を祀り、「天子信璽」（によって外国の兵を発する」。

これによれば、皇帝六璽は印文に「皇帝」を含む三璽（皇帝璽）と「天子」を含む三璽（天子璽）から構成されている。三璽の内訳は、本書ですでにおなじみの「信璽」「行璽」と「之璽」である。皇帝璽を用いて発信される文書の宛先は国内の封建諸侯や官僚で、天子璽は外国や神々に文書を送るときに使われる。神々はむろん皇帝の臣下ではないので、やはり国家の外側にある存在だ。このことから、皇帝璽は国内向けの印章、天子璽は国外向けの印章と説明されることが通例になっている（栗原朋信「文献にあらわれたる秦漢璽印の研究」一九六〇）。

皇帝六璽の制度は宣帝即位の時点でもまだ完成しておらず、皇帝璽（の一部）しか存在していなかったことが、出土文字資料や文献の検討から判明している（阿部幸信「皇帝六璽の成立」二〇〇四）。一方で、前漢末の制度を記した『漢旧儀』に六璽のことが記されているため、天子璽が現れて六璽が完備された時期は、宣帝期から前漢末にかけてのどこかということになる。それはちょうど、周制を強調した制度が整えられ、「擬制的封建」が確立されていった時期にあたっている。

「擬制的封建」においては、「『封建』の象徴」としての公印を所持する長官が官府の構成員を統率し、擬制的な諸侯国＝「家」を形成していた。公印は「家」の代表者の標識であると同時に、代表者が「家」の外部に文書を発信するための道具でもあり、官府間での文書のやり取りには官府の統率者である長官の公印を用いるのが原則とされていた。一方、「家」の内部においては、構成員の私印が通用された(第一章)。言い換えると、「家」の内と外では空間の性質が異なり、その性質の違いに応じて、使用される印章が異なっていたわけだ。そしてこれと同じ構造が、皇帝璽と天子璽の使い分けにおいても認められる。皇帝は、自身が「構成員を統率」する国家＝「家」の内部に対しては皇帝璽を用いるが、外部に対しては天子璽を使う。と言えば、もうおわかりだろう。皇帝璽は皇帝の私印だが、天子璽は皇帝の公印だったのである。

官府の内外で長官が私印と公印を使い分ける習慣は一朝一夕に出来上がったものではなく、早くから存在していたらしい。しかし、それに「擬制的封建」という儒学のヴェールがかぶせられて、理想化された周の統治機構のあり方に重ね合わされていったのは、第三章でみたように、宣帝期から成帝期にかけてのことだった。その同じ時期に天子璽が出現したのは、天子璽(と皇帝璽)の用法からみて、単なる偶然とは考えられない。天子璽は、「擬制的封建」の導入に伴い、成帝期までに生み出されたものであったはずだ。

皇帝が「天子」を名乗るのは、天から信任を受けて土地と人民の支配を委ねられているからだが、それはかたちのうえでは、天が皇帝に「天子」という爵位を授けて封建したのに等しい(「天子」が爵号だという考え方は、後漢初期に成立した国家公認の経典解釈書『白虎通義《びゃっこつうぎ》』にみえる)。

だから、あらゆる「家」の長がその代表者の証としての公印を持つ「擬制的封建」のもとにおいては、皇帝も「天子」という爵位を刻んだ公印を持たねばならなかった。そして、自身を信任して封建した君主である天に対しては、その公印を用いて文書を発信した。「天地鬼神を祀」るのに天子璽が用いられていたのは、それが理由である(阿部幸信「漢代における即位儀礼・郊祠親祭と「天子之璽」」二〇二二)。要するに、先ほどみた「漢家」とは、天子璽という公印を所持する皇帝によって支配される「家」のことでもあったのだ。

「漢」字の意味

さて、異民族印の「漢」字の背景について、かなり複雑な話が続いたので、ここでいったん整理しておこう。

①「漢」は単に王朝名であるだけでなく、皇帝の支配の及ぶ空間全体をひとつの「家」に見立てた「漢家」の姓でもある。
②「漢家」は、公印を所持する皇帝によって支配される「家」と観念されていた。
③「漢家」を支配するための「信任の証」として、皇帝が天から授かった公印(として設定されたもの)が、天子璽である。

④「漢家」の外部に文書を発信する際、皇帝は天子璽を用いた。
⑤天子璽は、「擬制的封建」の考え方のもと、宣帝期から成帝期に出現した。

これらのポイントをふまえたうえで、異民族印に付される「漢」字の意味について、改めて考えてみたい。

すでに述べた通り、異民族印の格式が確立されたのは、宣帝期から前漢末にかけてのことだった。これはちょうど「擬制的封建」が成立し、皇帝の公印としての天子璽が出現した時期と重なる。天子璽は「漢家」の外にある国に文書を発信する際に用いられたが、公印の一般的な用法に照らせば、「家(＝官府)」の長が文書の発信にあたって公印を使用しなければならない相手というのは外部の「家(＝官府)」なので、皇帝が天子璽によって文書を送る外国についても、漢はそれをひとつの「家」とみなしていたことになる。

一方、『漢旧儀』によると、外国の首長を封建する文書にも天子璽を用いると定められていた。漢から封建された外国の首長が、その文書と同時に受け取るのが異民族印である。これを言い換えると、前漢末の異民族印というのは、漢皇帝が信任した外部の「家」の長に対して与えるものだったということになる。

異民族印には、武帝期以来、「他(国)」を示す駝鈕・蛇鈕が付されていた。のち、漢の支配機構が「擬制的封建」につくり変えられたことによって、外国もまた「家」とみなされるようになった。その結果、武帝期の「他国」も、「他家」に読み替えられたと考えられる。異民族印の印文に「漢」字が付されるようになったのは、まさにそうした時期のことであった。当時の感覚に照らせば、異民族印の印文に「漢」字を付すという行為は、「他家」の長に与える信任の証である異民族印に「漢家」の姓を加えることだとみなされたはずだ。

このように考えると、「漢」字と駝鈕・蛇鈕という異民族印の二大特徴が、決してばらばらのものだったのではなくて、相互に密接に結びついていたことが理解できる。「漢家」に帰服してきた外部の「他家」に対し、「漢家」の姓を分与することで、相手を「漢家」の擬制的な分家とし、漢の天子を中心とする世界へと引き込む。そのためのツールが異民族印だったのではないだろうか。

「擬制的封建」と印綬

前漢後期に武帝の残した「宿題」の解決がはかられていき、やがて前漢末には、皇帝と直接結びついた官僚を各地に派遣して統治させる官僚制と、地域の支配を首長に委ねて土地の実情にきめ細かく対応する封建制の、双方の長所を生かした「擬制的封建」が成立した。こうした国内の統治体制の変化に対応するかたちで、「外部の諸国・諸勢力」との関係も「擬制的封建」に則したものに改められ、その結果、「天下」のうちに共存する「漢家」とその姓を分与された「他家」が、宗主である漢の天子を中心に、ゆるやかに結ばれ合う国際体制が創出された。この時期に固まった「漢」字と蛇鈕・駝鈕を特徴とする異民族印の格式は、こうした時代背景の産物である。

しかもそこで漢は、皇帝だけが「璽」を独占する制度をすすんで放棄して、匈奴単于に対してわざわざ「璽」を与えることで、匈奴が「漢家」と並び立つ存在であることを自ら認めていた。なぜ漢が匈奴に対してこうした態度を取ったのかについては本書では扱いきれない（詳しくは阿部幸信「武帝期・前漢末における国家秩序の再編と対匈奴関係」二〇〇九を参照）が、『漢書』に残る朝廷の議論をみると、匈奴を討つことや匈奴の地を治めることの難しさがこの時期も繰り返し説かれているので、ことを荒立てずに関係を維持する方が結局は得策だとの判断が働いたのだと考えられる。漢には屈服したものの、その他の国よりは高い地位を保持できた匈奴の側も、漢との友好を重視して低姿勢を取り、両者のあいだには長い平和が訪れた。

この「ゆるやかに結ばれ合う国際体制」について注目されるのは、「漢家」と「他家」が公印の格式によって明確に分けられていたことだ。「漢」字によって「漢家」が「他家」を近づける工夫はとられていたけれども、鈕による区別がその前提になっているのだから、公印が「分ける」方向に機能するものであったことは疑いない。それは、「分ける」ことの内容こそ違うが、国内の臣下に与えられる公印が「『封建』の象徴」として統治機構を細分化していたのと似たところがある。とくに異民族印の場合は、中華と夷狄の区別、すなわち「華夷《かい》の別」に則したものなので、「分ける」はたらきは一段と強い。

その解消のために用いられていたのは、やはり綬だった。「位諸侯王の上」とされた呼韓邪単于が、その周制身分に見合うものとして通常の緑綬を与えられていた通り、綬には「異民族綬」のようなものは設けられなかった。後漢の異民族王の綬が「位諸侯王」の赤綬ではなく「位三公」の紫綬であったこと(後述)は、その周制身分の設定にあたって「華夷の別」が考慮されたことを示してはいる(ただし、第二章でみたように、後漢の赤綬は単なる「王」の綬ではないから、それを異民族王に与えることはそもそも考えられない)が、それでも異民族王の身分を「統一的位階序列」の中に位置づけて、国内の臣下と同じように扱っていたことは見逃せない。ここでも、綬は異なる位階序列を結び合わせる役割を担っていたのである。こと異民族の綬に関して言えば、それは夷狄が天子の徳に感化されて中華に同化されていく「王化思想」の象徴だったと考えてよいだろう。要するに、「他家」の長に与えられる印綬とは、華夷思想(＝公印)と王化思想(＝綬)がセットにされたものだったのだ。

こう考えたとき、注意しておきたいことがある。実は、呼韓邪単于が金璽とともに緑綬を受け取るより前に異民族の首長が綬を受けた事例というのは、文献上確認できないのだ(降伏して漢の国内の官爵を受けた者は除く)。滇王が「王印」を受けたことは『史記』『漢書』に記されているが、綬については言及がない。同じ西南夷の夜郎《やろう》王についても、『史記』『漢書』は「王印」とするだけで、綬まで受けていたとする記載は、何と五〇〇年もあとの『後漢書』が初出である。これだけの理由で宣帝期まで異民族には綬が与えられなかったと断定することはできないが、その可能性を否定できないことは記憶しておきたい。もしそうなのだとしたら、宣帝期こそが漢の世界観の大きなターニングポイントだったのかもしれない。

ともあれ、前漢末に至って、漢の世界観・皇帝観は大きく変化した。漢の天子は「漢家」の長であるだけでなく、「漢家」と「他家」とをゆるやかに結びつけて、「天下」をもひとつの「家」とした。そして地上の世界を代表する「天下」の長として、天子璽を用いて天を祀る存在となった。その南郊祭天儀礼の制度を整えたのが、時の皇帝・平帝のもとで実権を握っていた王莽である(その詳細については、渡辺信一郎『中国古代の王権と天下秩序』二〇〇三を参照)。

匈奴単于璽交換事件

王莽は「擬制的封建」を利用して、「天下」を統合した天子(=皇帝)が天を祀ることで超越的な地位を獲得する、という新たな皇帝像をうち立てた。その際に彼が問題視したのが、宣帝が特別扱いした匈奴単于という存在だった。

王莽は皇帝の位に就くと、始建国《しけんこく》元(九)年、諸外国に王朝の交替を伝えるための使者を発した。

漢の与えた公印を新の公印に取り替えることも、この使者の任務だった。匈奴には王駿《おうしゅん》を筆頭に、陳饒《ちんじょう》ら合計六人の使節団が派遣され、匈奴の烏珠留若鞮《うしゅりゅうじゃくてい》単于（呼韓邪単于の子）に面会したが、そこで事件が出来《しゅったい》する。その詳しい顛末《てんまつ》が、『漢書』匈奴伝に残されている。

匈奴単于の元の印章の印文には「匈奴単于璽」とあったが、王莽はこれを「新匈奴単于章」とした。六人は匈奴単于のもとに到着し、新の印綬と漢の印綬とを交換しようとした。単于が承諾し、通訳が進み出て元の印綬を単于の身から外そうとしたとき、匈奴の左姑夕侯の蘇《そ》（姑夕《こせき》侯がどんな立場なのかは不明）がそばから単于に声をかけて、「新の印の印文を確認してからにいたしましょう」と言った。それで単于は取りやめ、式典を先に進めようとした。王駿は元の印綬をすぐ返納するよううながし、単于は承知したが、蘇がふたたび止めた。しかし単于は「印文が変わるわけがない」と言ってそのまま差し出し、新の印綬を受け取ったものの、印文を見ようともしなかった。

歓迎の宴が夜半にお開きとなったあと、使節団は宿所に戻った。陳饒は、「先ほど姑夕侯が印文を疑っていた。もし印文が変わっているのに気づけば、元のを返せと言い出すだろう。そうなったら拒むのは難しい。いったん回収したのにそれを取り戻されたとなれば、君命をこの上なく辱めたことになる。元の印は壊して、禍根《かこん》を断っておこう」と提案したが、ほかの面々は躊躇《ちゅうちょ》して応じなかった。燕《えん》の出身である陳饒は果敢で、斧を持ち出して印章を叩き壊してしまった（燕の気風は短慮で直情だと『漢書』地理志にある）。

果たして翌日、単于の使者として右骨都侯の当《とう》（「骨都侯《こつとこう》」は異姓の大臣）が宿所にやってきて言うよう、「漢の下された単于の印には『璽』とあって『章』ではなく、また『漢』という字もついておりませんでした。『漢』とあって『章』とされるのは、（匈奴の）諸王以下のものでした。ところが、このほど『璽』を取り去り『新』を加えられたので、単于と諸王の区別がなくなってしまいました。どうか元の印をお返しください」。そこで六人は壊れた元の印を見せ、「新は天意に従って、新しい印を製作したのです。元の印はわれわれが壊しました。単于は天命を受け入れ、新の制度を奉ずるべきです」と言った。当の報告を聞いて、単于はどうしようもないと悟り、またたくさんの贈り物を受け取りもしたので、御礼言上の使者を新の使節団に随行させ、書面をもって元と同じ格式の印章を要求した。以上が、いわゆる「匈奴単于璽交換事件」のいきさつである。

ここからわかるように、漢は匈奴に「璽」を与えていたばかりか、異民族印への「漢」字の付加が始まっても、匈奴単于はその対象外としていた。匈奴は、漢から自立した「家」であることを許されていたわけだ。天子こそが天と直結する唯一至高の存在と考えていた王莽にとって、この状況は我慢がならなかったのだろう。王莽は単于の求めをはねつけ、匈奴と新の関係は著しく悪化した。すると王莽は、「匈奴単于」の称号を「降奴服于《こうどふくう》」と改めたり、さらには一五人の単于を置いて匈奴を分裂させたりすることをはかった。怒った烏珠留若鞮単于は、「先の単于が恩義を蒙ったのは漢の宣帝である。宣帝の子孫ではないいまの天子には、その資格がない」として、新から完全に離反した。

匈奴との関係の悪化とそれに伴う軍事行動が招いた財政負担や社会混乱は、新の崩壊を早めた。そのきっかけが匈奴単于の公印の格式にあったことは、「漢」字や「璽」によって表現されていた漢の世界観・皇帝観が、漢を取り巻く「外部の諸国・諸勢力」にも影響を与えていたことを物語っている(もちろん、その意味内容が相手にどこまで理解・共有されていたかは、また別の問題だが)。

「漢委奴国王」金印

本章では、序章から第二章で確認した印綬の機能・格式と、第三・四章で示した漢の統治機構の構造とをよりどころに、漢の「外部の諸国・諸勢力」の印綬から、漢の世界観や皇帝像の推移を読み解いてきた。その締めくくりとして、本書のまとめを兼ねつつ、「漢委奴国王」金印とその綬について述べておきたい。

「漢委奴国王」金印は、天明《てんめい》四(一七八四)年、現在の福岡市東区に位置する志賀島において、甚兵衛《じんべえ》という農民によって発見された。志賀島は九州本土とは砂州でつながる陸繋島《りくけいとう》で、元寇《げんこう》のときには戦場ともなった場所である(蒙古軍供養塔には張作霖《ちょうさくりん》筆の讃《さん》が残る)。福岡藩主であった黒田家の所有となり、のち福岡市に寄贈され、現在は福岡市博物館が所蔵している。『後漢書』東夷伝の記事に基づき、この金印を後漢の光武帝が倭奴国王に授けたものとしたのは福岡藩の儒者だった亀井南冥《なんめい》で、これが現在も定説になっている。発見の経緯が学術的な発掘によるものでないうえ、時間が経過して詳細がわからなくなっているため、素性について諸説紛々であることは周知の通りだが、学術的には後世の偽作などではないとの結論にほぼ落ち着いている(その根拠は、石川日出志「「漢委奴國王」金印の複眼的研究」二〇一七に尽きている)ので、この点には立ち入らない。

「漢委奴国王」金印の特徴として世に語られることは多いが、漢代の印制について承知していれば、特別なことはほとんどない。順を追って確認していこう。

印面の大きさが一寸四方であるとか、文字が陰刻であるとか、上部の鈕に綬を装着するための孔があるとかいった点は、いずれも序章で紹介した漢代の公印の通例に合致している。形式面では、ごく普通の、ありきたりな後漢印である。「王」という字の形も同様だ(第四章)。

任官・封爵時に「君主の臣下に対する信頼の象徴」たる公印を授けるのは、第一章で述べた通り、漢代の決まった習慣である。帰服した異民族の首長である倭奴国王が公印を与えられ形式的に封建を受けたのも、当時としては通常の扱いであった。「見た目から位階を認識させる目印」

としては、異民族王印の一般的な格式である「金印」「蛇鈕」を満たしており、第二章で示した位階標識としての公印の序列がきちんとふまえられている。公印のもうひとつの機能である「皇帝と交信する資格の証」の意味あいも当然あったはずだが、当時の倭奴国王が実際にこの金印を用いて皇帝と恒常的に文書をやり取りしていた形跡はない。といっても、それは与える方ではなく受け取る側の事情であるから、また別の話だ。

印文に付された「漢」字や蛇鈕という鈕式、三行五字といった点は、本章においてすでにみたように、前漢末以降の異民族印の形式に完全に合致している。その背景には、第三章で提示した、当時の「擬制的封建」の考え方の影響がある。それは、ユーラシア大陸東部の気候・文化の多様性を生かしつつ、「天下」をひとつにまとめ上げるために、封建制と官僚制を組み合わせるものだった。この考え方のもと、官府や諸侯国、あるいは漢の「外部の諸国・諸勢力」は全て「家」とみなされ、「漢家」の長である天子＝皇帝が全体を結びつける構造がつくられた。「漢」字と蛇鈕は、「漢家」と区別された「他家」に「漢家」の姓である「漢」を分与して、「他家」を漢を中心とした国際秩序に引き込むための手段として設定されたもので、「漢委奴国王」金印もその思想のもとで製作されている。

この印の呼称は印文に明記されないが、文献上「璽」とは呼ばれていないので、扱いは「印」だと考えられる。しかしそれは、第四章で示した「璽」をめぐる歴史的経緯——武帝期には皇帝の占有物とされ、後漢時代には宗室の優遇を示す目的で特別に諸侯王に与えられた——に鑑みれば当然のことである。

このように、本書で示した漢の印制や統治機構の構造、あるいはそれらの背後にある世界観を前提に考えると、「漢委奴国王」金印というのは何ら特殊性をもつものではなく、むしろ「レギュラーな」遺物だということがわかる。そして、そのことが逆に、「漢委奴国王」金印の史料的価値を高めているのである。これはほかの遺物についてもそうだが、何でもかんでもこれはすごい、特別だ、と言い立てて例外にしてしまうと、かえって何が普通なのかがわからなくなり、議論がまともに成り立たなくなる。「漢委奴国王」金印は、何よりまず、前漢末に成立した異民族印の典型例であり、かつ、前漢末に成立した制度が後漢初期にも確実に受け継がれていたことを明確に示しているがゆえに、貴重なのだ。

「漢委奴国王」金印の面白さ

では、この金印に固有の面白さはないのかといえば、もちろん、そんなことはない。どんな遺物にも必ず個性があり、そこが本当の「すごさ」になる。

東方の異民族王の、あるいは異民族印の格式成立後の漢代異民族王印としては唯一の遺例だという希少さはもちろんある。「広陵王璽」(第四章)との製作年代の近さ、製作技術の類似性も興味深い。今後類例が続々と出てくるとも思えないので、こうした希少価値は、これからも低減することはないだろう。

あまり知られていない種類のこととしては、「漢委奴国王」金印の蛇鈕が当初は駝鈕として作られていた、という点が挙げられる(大塚紀宜「中国古代印章に見られる駝鈕・馬鈕の形態について」二〇〇八)。形状の類似だけでなく、細部に駱駝の足の部分や体毛の加工の痕跡がみえる、というのが論拠とされている。要するに、いったん駝鈕に作ったものを、あとから蛇鈕に変更したわけだ。ただしその理由は依然明らかにされていない。製作途中で駝鈕では都合の悪い事情があって急遽変更したという可能性が考えられているが、駝鈕からの再加工品は魏晋期にも例があるし、異民族印の製作がそこまで急がれることが実際にあり得るのか(もちろん場合によってはあるだろうが、それに倭奴国のケースが当てはまるのか)も疑問である。そもそも「駝」「蛇」が本質的に同じ意味あいのものであったため、稀に南方・東方の異民族がやってきた場合には同じ基本形を使い回すことが普通にみられた、ということもあり得るのではないか。だとするとこの点はむしろ特殊ではないということになるが、現状ではそこまでわからない。

また日本史の立場からみれば、「委奴」の読みが問題にされるのは当然のことだ。この点は漢代史の側からは何とも言えない。ただ、この金印を漢の世界観のなかに位置づけてみた場合、「委奴」よりも「漢」や蛇鈕の方に重要な意味がある、というのは先ほど述べた通りである。どんな遺物も広い視野から多角的に研究されていくことが望ましいし、とくにこの金印のように作り手と受け手が別々にいるようなものについては、遺物の特徴や受け手の立場だけでなく、作り手の意図がどこにあったかを探ってみることもヒントになるはずだ。

「漢委奴国王」金印の綬の謎

最後に、「漢委奴国王」金印の綬について触れておく。

倭奴国王が受けた綬の格式は『後漢書』に記されていない。しかし一般に、それは紫綬であったと考えられている。その根拠としてまま引かれるのが、唐の初期に編まれた『翰苑《かんえん》』である。『翰苑』は大部分が失われ、現存しているのは太宰府《だざいふ》天満宮の所蔵する写本一巻だけである。この巻がたまたま異民族に関する部分であったために、日本に関する記事も残ったというわけだ。

ただし、『翰苑』は光武帝の時代とは大きく隔たっているうえに、「紫綬」の根拠となる引用文もないので、これだけでは決め手として弱い。それよりはむしろ、文献に残るほかの異民族王の印綬に関する記載から類推するのが穏当である。その場合は、『後漢書』にみえる順帝永建《えいけん》六(一三一)年に葉調《ようちょう》国王(および撣《せん》国王。いずれも東南アジアと考えられるが、正確な場所は不明)に与えられた金印・紫綬を引き合いに出して、紫綬と判断するのが通例になっている。

金印・紫綬というのは列侯と同じ格式なので、異民族王は諸侯王よりも一段下がる列侯並みの待遇だった、という解釈はよく知られている(栗原朋信「文献にあらわれたる秦漢璽印の研究」一九六〇)。第二章・第三章でみたように、成帝綏和元年以降は公印と綬の序列が分かれているので、「金印・紫綬だから列侯並み」という説明には修正が必要だが、紫綬ということは「位三公」並みだから、当時の「統一的位階序列」である周制身分が諸侯王に及ばないというのは確かである。一方、それが「印」であることについては、上述の通り、前漢後期の諸侯王印の格式にむしろかなっていて、それが格差にみえるようになったのは光武帝が諸侯王印の格式を引き上げた結果にすぎないから、単純に「列侯並み」と言ってしまってよいかは要注意だ。

　そのことと関連して、そもそも「国王」とはどういう意味なのか、という問題がある。「滇王之印」にも現れている通り、「某国王」という言い方は、前漢時代までは必ずしも一般的でなかったからだ。この点については、『続漢書』百官志にある、

> 四夷の国王・率衆《そつしゅう》王・帰義侯・邑君《ゆうくん》・邑長《ゆうちょう》には、全て丞があり、郡・県に比せられる。

という記述と対照させて、「国王」という異民族独特の爵号があったのだとする説がある。ただ、「漢委奴国王」の「国王」がそれに相当するのかどうかも含めて、異論もある。その原因のひとつには、『続漢書』のこの一節がそもそも後漢時代のいつの制度を述べているのかがわからない

ということがある。仮に、この制度が倭奴国王と葉調国王のあいだの時期に定められたもので、両者の「国王」が異なるニュアンスのものであったとすると、葉調国王の紫綬に基づいて倭奴国王を紫綬と判断してよいかどうかも怪しくなってくる。

「漢委奴国王」金印よりも、その綬の方が謎は深い。

コラム6 動物鈕の起こり

動物意匠の鈕はいつから存在するのか。この問いにはっきりと答えることは難しいが、秦のときにはすでにあったというのが一般的な理解である。

現存する亀鈕印のうちもっとも古いと考えられているのは、「広平侯《こうへいこう》印」銀印（上海博物館蔵）である。田字格があるので秦の時代の印である可能性は高いが、かといって公印と言い切る決定的な証拠もない。漢初の亀鈕印の遺例は少なくないが、長沙王国・楚王国あるいは南越からの出土例ばかりで、明確に漢のものと言えそうなものは景帝末期頃まで下る（漢陽陵博物館蔵「車騎《しゃき》将軍」金印。追贈印）。つまり、武帝元狩二年より前から亀鈕印が漢の制度にも取り入れられ始めていたことは確かだろうが、それが秦の制度を継承した結果だとは断定できないし、漢の建国当初から亀鈕が公印に用いられていたかどうかも定かではないわけだ。

こうした理由から、本書では漢による亀鈕印の正式採用の時期を最大限引き下げて、元狩二年と考えた。しかし、これは明確にそう言える根拠があるわけではなく、材料不足のなかでの状況証拠に基づく推論だから、今後の研究の進展によって「漢による亀鈕印の正式採用の時期」を繰り上げなければならなくなることは大いにあり得る。とはいえ、亀鈕印を含む漢の公印の規格が諸侯王国を含めた「天下」の統一規格とされたのが元狩二年だという点は、この年にそうした命令が出されている以上、この先もまず動かないだろう。

蛇鈕印は戦国期の私印に遺例があり、秦のものと考えられるものもかなりある。「浙江《せっこう》都水《とすい》」銅印は有名な事例だ。似通った様式の蛇鈕がかなり広範囲にわたって使用されていた形跡もある（石川日出志「秦漢魏晋代印・蛇鈕の型式学」二〇二一）ので、秦の制度に蛇鈕が何らかのかたちで取り入れられていたのかもしれないが、なかには私印の可能性が高いものや南越との関係が疑われる遺例もあることから、まだ結論を出せる段階ではない。また、この蛇鈕はのちの「滇王之印」（二一八ページ参照）などとは特徴を異にしているので、漢の制度に直接影響したとも考えにくい。亀鈕と蛇鈕をひとつの制度のなかに並存させて内外で使い分けるような制度は武帝期以降にならないと現れない、という点はほぼ確かだと思われる。駝鈕がこの時期にならないと出現してこないことも、そのひとつの傍証となる。

螭虎鈕にも難しい問題が残っている。秦の螭虎鈕印の遺例は存在していないが、本章で言及した通り、南越文帝陵からは「帝印」という螭虎鈕の玉印が出土している。「文帝行璽」（二〇九ページ参照）が被葬者の胸の上に置かれていたのに対し、「帝印」は左脚部にあったので、それが「印」であることや「文帝行璽」よりも小ぶりである（印面の一辺はおおむね漢の一寸にあたる。つまり漢の皇帝璽よりも小さい）こととも考え合わせれば、「文帝行璽」の方が重要な宝器であったことは疑いないが（「文帝行璽」には実際に印章として使用された痕跡があったことも無視できない）、そうしたこととは別に、螭虎鈕という様式がこの時期に南越に波及していたことの意味は重大である。

　この印は鈕だけでなく、側面を含めた全体のデザインが中山靖王劉勝墓(満城漢墓。第四章参照)出土無字印や「皇后之璽」など武帝期〜前漢後期の玉印と類似しているので、南越文帝の葬られた時期(元狩二年前後と考えられる。広州市文物管理委員会ほか『西漢南越王墓』一九九一)を大きく遡るとは思われない(吉開将人「印からみた南越世界」前篇、一九九八)。状況的にみても、この印は漢の制度に詳しい明帝(趙嬰斉)が漢の武帝による螭虎鈕の採用に触発されて新規に作らせたものとみるのが自然だが、趙嬰斉が長安から番禺に戻って明帝となった年が確定できないため(元狩二年頃と思われるが、一、二年程度早いかもしれない)、武帝の螭虎鈕採用が元狩二年よりも早い可能性は残る。第四章において漢の螭虎鈕導入時期について明確な断定を避けたのは、こうした問題があるからだ。

「浙江都水」印の蛇鈕（上海博物館蔵）

おわりに

本書では、印綬制度を切り口として漢王朝の理念や世界観を読み解くというコンセプトのもと、漢の建国前後から後漢の初期にかけての歴史を追ってきた。重要なポイントは第五章の冒頭と「漢委奴国王」金印のところで整理したので、ここでは大まかな要点だけ再確認しておこう。

ユーラシア大陸東部の気候や文化の多様性が生み出した地域間のネットワークは、始皇帝と武帝による二度の「一統」を経て緊密度を増し、また空間的にも広がった。しかし、さまざまな違いを内包した広大な領域を、皇帝ひとりの力でコントロールすることは事実上不可能だった。やがて、皇帝の代理人を各地に派遣して統治する官僚制と、領主にその土地の支配を任せて地域の個性を生かす封建制の双方の長所を組み合わせることが試みられ、前漢末に至って「擬制的封建」が成立し、安定的な支配の長期持続が実現した。

「擬制的封建」において、官府の長を封建諸侯に「擬制」する役割を担ったのが公印であり、そのうち異民族印には、「漢家」と「他家」の区別を明確化する機能が付加されていた。一方、異民族も含めた天下全体の秩序を、皇帝を頂点とするかたちに一元化していたのが綬である。

こうした構造のなかで、漢の皇帝は、「擬制的封建」された多数の「家」のうち最大の「漢家」

の長とされた。皇帝はさらには「漢」姓を分与して「他家」を勢力下に取り込み、「天下」全体を代表する「天子」となった。天子は「漢家」さらには「天下」を統率する象徴としての公印すなわち天子璽によって天を祀る、至高の存在と位置づけられた。以上が本書の大まかな内容である。

本書を通読された方は、「漢が郡国制を採用したことが、近隣諸勢力の冊封《さくほう》につながった」というような簡単な話ではなかった、ということに気づかれたことだろう。皇帝のもとに諸侯がいたというだけのことなら、それこそ統一秦にだっていたのである。また武帝は、帰服した異民族の首長を封建することはしていたが、国内諸侯と分けて扱う方法さえまともに考えていなかった。本書では詳述しなかったが、首長は残しておいてもその国内は郡県化して、いずれ漢が支配してしまおうというのが基本姿勢だったのだ(閩越や滇、濊などはそうした道を辿った)。近隣諸勢力の独立性を認めながら、それと並存するような封建制の使い方を漢ができるようになったのは、むしろ「擬制的封建」のおかげである。「漢委奴国王」金印を、そのような時代の雰囲気を伝える遺物と理解することも可能だろう。

それはそれでよいとして、では、そのあとの時代はどうなったのか。

本書が「漢の理念や世界観の展開をみる」と言いながら、後漢初期のことまでで終わっているのは、後漢時代の印綬制度に変化が乏しいためである。少なくとも漢の国内に関していえば、公印についても綬についても、その格式は変わらないまま後漢末を迎えた。唯一の例外は赤綬で、所持者が徐々に拡大し、後漢末にはじめて異姓の曹操に与えられ、これが劉氏から曹氏への禅譲《ぜんじょう》の下準備ともなるのだが、それとても赤綬と劉氏との関係が崩れなかったからこそ可能だったことで、赤綬の位置づけや役割そのものが変化したわけではなかった。そういう意味では、「印綬制度から」後漢時代の統治機構の変化を読み解くことは難しい。ただし、後漢末以降の印綬制度はまた新たな展開をみせるようになるので、後漢時代については、印綬制度が変わらなかったことに意味があるのだと考えられる。つまり、「擬制的封建」は後漢末までは保持されていた、だからそれを支える装置であった印綬制度にも変化がなかった、とみられるのである。

ただしこの「擬制的封建」は、いったんバランスが崩れると、各地域の自立を招きかねない危うさをもっていた。その「危うさ」は後漢末に顕在化し、後漢は地方軍閥の割拠によってゆっくりと崩壊に向かった。いま述べた通り、この頃になると印綬制度はまた動き出す。しかしそれは、本書の扱うべき範疇《はんちゅう》を超えた話である。

他方、「漢家」と「他家」の関係の方に目を向けると、後漢中期にひとつの転機があった。それは、異民族の称号に「親漢」という表現を冠する習慣が始まることである（これについては、王国維《おうこくい》が『観堂集林《かんどうしゅうりん》』において一〇〇年以上も前に指摘している）。「漢」を「漢家」の意と考えると、それに親しむ者に「親漢某某」という称号を与えることは自然だが、なぜ「親」をつけなければならなかったのかはわからない。また、この新しい表現が異民族印の印文のうえに反映されるようになるのは、晋の時代に入ってからのようである。この時間差がもつ意味も、やはり解明されていない。いま言えることは、現在残されている手がかりからみる限り、卑弥呼の受けた金印の印文が「親魏倭王」である可能性はあまり高くないのではないか、ということくらいである(晋には「親晋氏王」〈故宮博物院蔵〉のような四字の異民族印もある)。卑弥呼の金印、ぜひ見つかってほしいものだ。

また、第五章の末尾で紹介した国王・率衆王などの称号も問題である。後漢時代のある時期から「帰義」「率善《そつぜん》」「率衆」といった文言を伴う異民族印が出始め、魏ではもれなく付くが、晋では減少する。この点についてはすでに議論がなされており、魏晋期には国王―帰義―率善というランクづけがあったことがわかっている(秋山進午「魏晋周辺民族官印制度の復元と『魏志倭人伝』印」二〇一〇)。これは現象としては把握されているが、漢がなぜこうした制度を導入したのかは依然不明である。ここを突破口に、後漢中期の漢の世界観について、新たな見直しが可能になるかもしれない。

このように、後漢時代には統治機構の構造には大きな変化がなかったものの、「漢家」と「他家」の関係には新たな展開がみられた。当然、それは世界観や皇帝像とも関係しているはずだが、「親」字にしろ「帰義」「率善」などにしろ、それはむしろ魏晋期の状況とセットで論ずべき性質のものであるらしい。少なくとも、手がかりとなる異民族印の傾向から言えばそうだ。よってこの点については、また機会を改めて考えることにしたい。

あとがき

世界ではじめて印綬制度を正面から扱った学術論文は、「はじめに」で紹介した栗原朋信の「文献にあらわれたる秦漢璽印の研究」である。その掉尾《とうび》はこうだ。

「印」に関する記載を手がけているうちに、私は意外の方向へ自分の興味が向うのを感じた。〔中略〕最後にとりあげた中国の古代国家の構造に関する部分は、未熟な点が多く、とくに「徳」・「徳治」に関するところは、独断と矛盾の結晶のようなものであるかもしれない。それは私もよく承知している。しかし、承知のうえで、これを活字に組んだのは、たとえ誤っていても、私は私なりに、取りあげた璽印の問題に対して、結末をここまで導きたかったからである。〔中略〕「方寸の印」から「徳」へ、という方向を辿っていった私の心境だけは、理解してほしいという気もちが、今はまだ失せていない。

栗原の辿った「方向」を追いかけてきた後学として、その「気もち」への応答をまとめたのが本書である。

二〇一八年の秋学期、北京の清華《せいか》大学において、漢代の印綬制度に関する講義を行った。受講生のひとりであった陳韻青《ちんいんせい》氏は、二〇二三年夏、『秦漢官吏用印研究』と題する大著により、清華大学から博士号を授与された。漢代の公印の運用と官僚機構の構造に関する陳氏の議論は、本書第一章・第三章の内容のさらに先へと進みつつある。栗原の「気もち」は、いまや中国の学界にまで届いている。

それでもまだ、印綬制度に関連して明らかにされていないことは多い。本書ではそうした問題を迂回《うかい》したり、問いの投げかけにとどめたりした。もし機会を得られれば、いずれそこにも切込んでみたい。

先学の説を引用する際にはできるだけ出典を記すよう努めたが、遺漏《いろう》についてはお詫びする。前著の上梓をいちばん喜んでくれた友に。今度は手に取ってもらえないけれど、ありがとう。そして本書を手に取ってくださった全ての方へ、感謝を込めて。

二〇二四年三月二十五日

阿部　幸信

参考文献

漢代の印綬に関係する文献のうち一部を掲げる。「漢委奴国王」金印のみを扱うものは取り上げない。学術論文や中国語文献は最小限にとどめる。排列は著者名(の日本語読み)の五十音順に従う。

(日本語文献)

阿部幸信『漢代の天下秩序と国家構造』(研文出版、二〇二二年)
石川日出志「両漢代印亀鈕の型式学・試論」(『古代学研究所紀要』三〇、二〇二一年)
石川日出志「秦漢魏晋代印・蛇鈕の型式学」(『古代学研究所紀要』三一、二〇二二年)
江村治樹『春秋戦国秦漢時代出土文字資料の研究』(汲古書院、二〇〇〇年)
大庭脩『漢簡研究』(同朋舎、一九九二年)
大庭脩『古代中世における日中関係史の研究』(同朋舎、一九九六年)
大谷光男(編著)『金印研究論文集成』(新人物往来社、一九九四年)
片岡一忠『中国官印制度研究』(東方書店、二〇〇八年)
栗原朋信『秦漢史の研究』吉川弘文館、一九六〇年初出、一九六九年増補版)
小林庸浩「漢代官印私見」(『東洋学報』五〇-三、一九六七年)
杉本正年『東洋服装史論攷　古代編』(文化出版局、一九七九年)
高倉洋彰『金印国家群の時代　東アジア世界と弥生社会』(青木書店、一九九五年)
谷豊信「X線画像による古代中国封泥の研究」(『MUSEUM』六六四、二〇一六年)

谷豊信「X線画像による楽浪封泥の研究―東京大学考古学研究室・東京国立博物館所蔵品の検討―」(『MUSEUM』六九〇、二〇二一年)
東京国立博物館(編)『中国の封泥』(二玄社、一九九八年)
冨谷至『木簡・竹簡の語る中国古代―書記の文化史』(岩波書店、二〇〇三年初出、二〇一四年増補新版)
西嶋定生『中国古代国家と東アジア世界』(東京大学出版会、一九八三年)
林巳奈夫(編)『漢代の文物』(京都大学人文科学研究所、一九七六年)
原田淑人『漢六朝の服飾』(東洋文庫、一九三七年初出、一九六七年増補版)
吉開将人「印からみた南越世界―嶺南古璽印考―」(『東洋文化研究所紀要』一三六・一三七・一三九、一九九八〜二〇〇〇年)
羅福頤(北川博邦訳)『図説中国の古印―古璽印概論』(雄山閣、一九八三年。原著一九八一年)
羅福頤・王人聡(安藤更生訳)『中国の印章』(二玄社、一九六五年。原著一九六一年)
渡辺恵理「前漢における蛮夷印制の形成―「有漢言章」の印文に関する一考察―」(『古代文化』四六-一二、一九九四年)

(中国語文献)

王人聡・葉其峰『秦漢魏晋南北朝官印研究』(香港中文大学文物館、一九九〇年)
孫慰祖(主編)『古封泥集成』(上海書店出版社、一九九四年)
孫慰祖『中国古代封泥　上海博物館蔵品研究大系』(上海人民出版社、二〇〇二年)
孫慰祖『中国璽印篆刻通史』(東方出版中心、二〇一六年)
孫機『中国古代輿服論叢』(文物出版社、一九九三年庶出、二〇〇一年増訂本)
羅福頤(主編)『秦漢南北朝官印徵存』(文物出版社、一九八七年)

画像出典

p.iii――――メトロポリタン美術館提供
The Metropolitan Museum of Art, New York, Bequest of W. Gedney Beatty, 1941

p.iv上、p.5右、p.10左・右下、p.21、p.212左右、p.218右、p.220下、p.254
――――孫慰祖『中国印章　歴史与藝術』(外文出版社、2010年)

p.iv下左右――DNPアートコミュニケーションズ提供/福岡市博物館

p.5左――――羅福頤主編『秦漢南北朝官印徵存』(文物出版社、1987年)

p.7、p.10右上、p.11下、p.77、p.164上左・下右、p.209左・右上下
――――中国璽印篆刻全集編輯委員会編『中国璽印篆刻全集　璽印・上』(上海書画出版社、1999年)

p.11上――――陳松長編著『湖南古代璽印』(上海辞書出版、2004年)

p.12左右、p.164上右――――『中国美術全集　書法篆刻編7　璽印篆刻』(上海書画出版社/上海人民美術出版、1989年)

p.39左右、p.41左右、p.138左・右下――――著者提供

p.43上、p.164中右――――孫慰祖『中国古代封泥』(上海人民出版社、2002年)

p.43下――――中国科学院考古研究所編『居延漢簡甲編』(科学出版社、1959年)

p.45、p.164中左――――ColBase (https://colbase.nich.go.jp/)

p.53左右――王方「徐州北洞山漢墓陶俑佩綬考」(『中国国家博物館館刊』2015-8)

p.54上――――天理大学附属天理参考館

p.54下――――孫機『漢代物質文化資料図説』(文物出版社、1990年)

p.91――――国士舘大学文学部東洋史学研究室監修
『よみがえる中国歴代王朝展－至宝が語る歴史ロマン　殷から周まで』
(アサツーディ・ケイ、2004年)

p.99左右、p.138右上――――京都大学人文科学研究所

p.160――――夏建平主編『悠遠的印記:長沙文物精品漫談』第5巻(岳麓書社、2015年)

p.164下左、p.218左――――CPCフォト提供

p.165上下――任紅雨編著『中国封泥大系』(西泠印社、2018年)

p.200――――国立歴史民俗博物館

p.220上――――韓国考古学会編『概説韓国考古学』(同成社、2013年)

著者紹介

阿部 幸信　あべ ゆきのぶ

1972年生まれ。東京大学大学院人文社会系研究科博士課程修了
専攻，中国古代史
現在，中央大学文学部教授

主要著書

『漢代の天下秩序と国家構造』(研文出版　2022年)
『中国史で読み解く故事成語』(山川出版社　2021年)
『地下からの贈り物―新出土資料が語るいにしえの中国』(共著，東方書店　2014年)

印綬《いんじゅ》が創《つく》った天下秩序《てんかちつじょ》
漢王朝《かんおうちょう》の統治《とうち》と世界観《せかいかん》

2024年5月10日　第1版第1刷　印刷
2024年5月20日　第1版第1刷　発行

著者　阿部幸信
発行者　野澤武史

発行所　株式会社 山川出版社
〒101-0047　東京都千代田区内神田1-13-13
電話　03(3293)8131(営業)　03(3293)1802(編集)
https://www.yamakawa.co.jp/

印刷所　株式会社太平印刷社
製本所　株式会社ブロケード
装幀　グラフ
本文デザイン・組版　株式会社明昌堂

Printed in Japan　ISBN 978-4-634-15238-0